すぐに使える！ 役立つ！

保育のかわいい イラストデータ集

DVD-ROM つき

西東社

Contents

季節をあらわすイラスト

壁面飾り

収録されている型紙で、イラスト通りの壁面飾りが作れる♪

12か月のイラスト

月別収録だから、おたよりを作るときにイラストが選びやすい！

季節のフレーム・ライン

季節別収録だから、行事に合ったイラストが探しやすい♪

この本の特色

1 カラー、モノクロあわせて4,245点！

カラー 1,928点、モノクロ 2,317点収録。季節ごとの子どもや行事の様子、ポスターやカードマークなど、バリエーション豊富でかわいいイラストが満載！

2 一年の行事をすべて網羅！

毎月のおたよりや行事のお知らせなどの発行物に使用する小さなイラストだけでなく、壁面飾りや生活ポスターなど、保育現場に必要なイラストが揃っています。

3 ほっこりかわいいイラストが充実♪

ほっこりと安心感のあるイラストで、子どもから大人まで愛される制作物に仕上がります。おしゃれな描き文字や背景も収録されているので、どんな場面にも対応できます。

 通年使えるイラスト

印刷して組み合わせれば
すぐにかわいいお誕生表が完成！

お誕生表

カラー	モノクロ
040	132

▶ 使い方は P154

お当番表・お知らせ表

カラー	モノクロ
043	133

▶ 使い方は P154

おしらせ

印刷して掲示物に貼りつけるだけで、
壁面が華やかに♪

文字・数字

	カラー	モノクロ
ひらがな	045	133
カタカナ	047	134
英数字	049	135

HAPPY BIRTHDAY!

えんそくの
おしらせ

印刷して壁面を飾ったり、おたよりや
プログラム等の飾り文字にも◎

フレーム・ライン

	カラー	モノクロ
フレーム	050	136
ライン	051	137

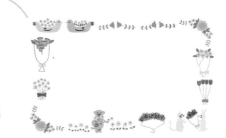

背景

カラー	モノクロ
052	138

季節を問わず使えるデザインで、
おたよりや印刷物等どんな用途でも大活躍♪

 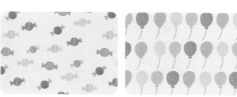

掲示物やドキュメンテーションの
背景、包装紙、制作等、
いろいろな場面で使える！

個人マーク

	カラー	モノクロ
動物	054	139
鳥・虫	055	139
水の生き物	056	139
乗り物・恐竜	057	140
果物・野菜	058	140
草花	059	141

シール用紙に印刷して持ち物やロッカー、
引き出しに貼ったり、壁面飾りや塗り絵にしても◎

グッズマーク

	カラー	モノクロ
持ち物・身につける物・おもちゃ	060	141
制作用具	062	142

生活ポスター

	カラー	モノクロ
	063	143

ポスター掲示だけでなく、
モノクロ版で塗り絵も楽しめます♪

カード

	カラー	モノクロ
生活カード	066	144
防災カード	068	144
気持ちを伝えるカード	069	145

次の行動をするときに見せたり、ボードに貼って
一日の流れを可視化した表が作れる!

手描き風絵文字

カラー	モノクロ
071	145

おたよりだけでなく、ご褒美シールや
連絡帳用シールにしても◎

保健・食育

保健

	カラー	モノクロ
保健イラスト	072	146
保健フレーム・ライン		148
保健ポスター	073	149

食育

	カラー	モノクロ
食育イラスト	074	150
食育フレーム・ライン		152
食育ポスター	075	153

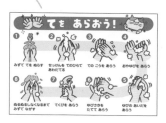

イラストは保健や食育のおたよりに、
ポスターは室内に掲示して健康や食育の
基本を教える教材に♪

行事

証書・メダル

	カラー
証書・賞状	076
メダル	077

賞状はテキストを打ち込めば
オリジナルの賞状が完成!
メダルは印刷して切り抜いて
行事の景品に。

年賀状

	カラー
年賀状	078

イラストとテンプレートを
組み合わせれば、
オリジナルの年賀状が
作れます♪

案内掲示物

079

印刷してそのまま使ったり、
好きなテキストを打ち込んで使ってもOK!

本書の見方

データ名

各イラストのデータ名です。データ名が複数あるイラストは、下記のパターンが収録されているので、用途にあわせて自由にご使用いただけます。

末尾A … フレーム＋文字

末尾B … フレームのみ

末尾C … 文字のみ

A3 A4 マーク

ポスターやお当番表など、そのまま印刷して使用するイラストについているマークです。マークに書いてあるサイズが印刷できる最大サイズです。

収録フォルダ

イラストが収録されているフォルダ名です。付属のDVD-ROM内にあるフォルダからお探しください。

ページリンク

収録されているイラストは、一部を除いてカラー・モノクロ両方のイラストを収録しています。

イラストデータの探し方

「P012-01A」を探す場合

カラーイラストは「P008-080_color」フォルダ、モノクロイラストは「P082-154_monokuro」に収録されています。使用したいイラストのページ数が記載されているフォルダを辿っていくと、イラストが収録されている個別フォルダが開けます。

 P008-080_color ── P008-011_hekimen-kazari

 P012-035_12kagetsu ── P012-013_4gatsu ── P012

「P012」から始まるイラストが収録されています。

カラー
イラスト

おたよりや印刷物に使用できるイラストから
お部屋を飾り付けるイラストまで
にぎやかでかわいいイラストを種類豊富に集めました。

カラーイラストについて ・・・・・・・・・・・・・

一部を除いて、モノクロ版も収録しています。

※壁面、お知らせ表、証書・メダル、年賀状、案内掲示物はモノクロイラストの収録はありません。

季節 壁面飾り

教室を彩る壁面飾りを、季節ごとに3種類ずつ集めました。

● 春　型紙については P155 をご覧ください。

季節
壁面飾り

通年

保健・食育

行事

室内掲示物

P008-01

P008-02

P008-03

● 夏　型紙については P155 をご覧ください。

A3 P009-01

A3 P009-02

A3 P009-03

● 秋　型紙については P155 をご覧ください。

A3　　P010-01

A3　　P010-02

A3　　P010-03

季節
壁面飾り

通年

保健・食育

行事

案内掲示物

● 冬   型紙については P155 をご覧ください。

A3   P011-01

A3   P011-02

A3   P011-03

壁面飾り
季節

通年

保健・食育

行事

案内掲示物

12か月のイラスト

P012-035_12kagetsu > P012-013_4gatsu > P012

おたよりや行事用の印刷物で使用できるイラストを月別に集めました。

4月 April

季節
4月

通年

保健・食育

行事

案内掲示物

● 飾り見出し・月名

P012-01A　P012-01B　P012-01C

P012-03

P012-02A　P012-02B　P012-02C

P012-04

P012-05

P012-06A　P012-06B　P012-06C

P012-07A　P012-07B　P012-07C

P012-08

P012-09

● アイコンイラスト

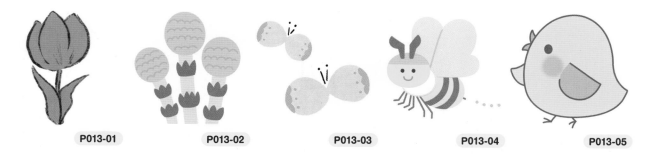

P013-01　　　P013-02　　　P013-03　　　P013-04　　　P013-05

● 4月をあらわすイラスト

P013-06　　　　　　　　　　　　　P013-07

P013-08　　　P013-09　　　P013-10　　　P013-11　　　P013-12

P013-13　　　P013-14　　　P013-15　　　P013-16　　　P013-17

季節 4月

通年

保健・食育

行事

案内掲示物

013

季節
5月

通年

保健・食育

行事

案内掲示物

● 飾り見出し・月名

P014-01A　P014-01B　P014-01C

P014-03

P014-02A　P014-02B　P014-02C

P014-04

P014-05

P014-06A　P014-06B　P014-06C

P014-07A　P014-07B　P014-07C

P014-08

P014-09

● アイコンイラスト

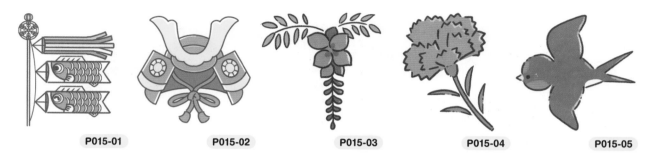

P015-01　　　P015-02　　　P015-03　　　P015-04　　　P015-05

● 5月をあらわすイラスト

P015-06　　　　　　　　　　　　　　　P015-07

P015-08　　　P015-09　　　P015-10　　　P015-11　　　P015-12

P015-13　　　P015-14　　　P015-15　　　P015-16　　　P015-17

季節 5月

通年

保健・食育

行事

案内掲示物

● 飾り見出し・月名

P016-01A　P016-01B　P016-01C

P016-03

P016-02A　P016-02B　P016-02C

P016-04

P016-05

P016-06A　P016-06B　P016-06C

P016-07A　P016-07B　P016-07C

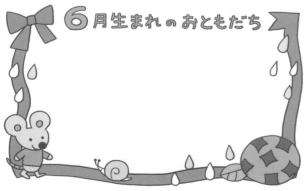

P016-08

P016-09

モノクロは P090-092　　【データ名末尾について】A…文字＋フレーム　B…フレームのみ　C…文字のみ

● アイコンイラスト

P017-01　　　P017-02　　　P017-03　　　P017-04　　　P017-05

● 6月をあらわすイラスト

P017-06　　　　　　　　P017-07

P017-08　　　P017-09　　　P017-10　　　P017-11　　　P017-12

P017-13　　　P017-14　　　P017-15　　　P017-16　　　P017-17

季節 6月

通年

保健・食育

行事

案内掲示物

● 飾り見出し・月名

7月 季節

通年

保健・食育

行事

案内掲示物

P018-01A　P018-01B　P018-01C

P018-03

P018-02A　P018-02B　P018-02C

P018-04

P018-05

P018-06A　P018-06B　P018-06C

P018-07A　P018-07B　P018-07C

P018-08

P018-09

● アイコンイラスト

P019-01　　　P019-02　　　P019-03　　　P019-04　　　P019-05

● 7月をあらわすイラスト

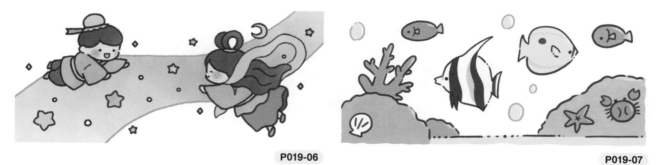

P019-06　　　　　　　　　　　　P019-07

P019-08　　　P019-09　　　P019-10　　　P019-11　　　P019-12

P019-13　　　P019-14　　　P019-15　　　P019-16　　　P019-17

季節 7月

通年

保健・食育

行事

案内掲示物

019

● 飾り見出し・月名

P020-01A　P020-01B　P020-01C

P020-03

P020-02A　P020-02B　P020-02C

P020-04

P020-05

P020-06A　P020-06B　P020-06C

P020-07A　P020-07B　P020-07C

P020-08

P020-09

季節
8月

通年

保健・食育

行事

案内掲示物

● アイコンイラスト

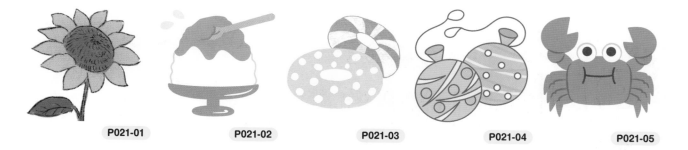

P021-01　　P021-02　　P021-03　　P021-04　　P021-05

● 8月をあらわすイラスト

P021-06　　　　　　　　　　　　P021-07

P021-08　　P021-09　　P021-10　　P021-11　　P021-12

P021-13　　P021-14　　P021-15　　P021-16　　P021-17

季節 8月

通年

保健・食育

行事

案内掲示物

季節
9月

通年

保健・食育

行事

案内掲示物

● 飾り見出し・月名

P022-01A　P022-01B　P022-01C

P022-03

P022-02A　P022-02B　P022-02C

P022-04

P022-05

P022-06A　P022-06B　P022-06C

P022-07A　P022-07B　P022-07C

P022-08

P022-09

● アイコンイラスト

P023-01　　　　P023-02　　　　P023-03　　　　P023-04　　　　P023-05

● 9月をあらわすイラスト

P023-06

P023-07

P023-08

P023-09

P023-10

P023-11

P023-12

P023-13

P023-14

P023-15

P023-16

P023-17

季節　9月

通年

保健・食育

行事

案内掲示物

● 飾り見出し・月名

10月 季節

通年

保健・食育

行事

案内掲示物

P024-01A　P024-01B　P024-01C

P024-03

P024-04

P024-05

P024-02A　P024-02B　P024-02C

P024-06A　P024-06B　P024-06C

P024-07A　P024-07B　P024-07C

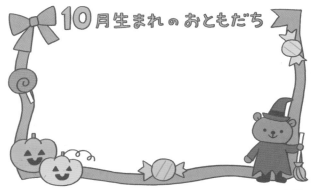

P024-08

P024-09

● アイコンイラスト

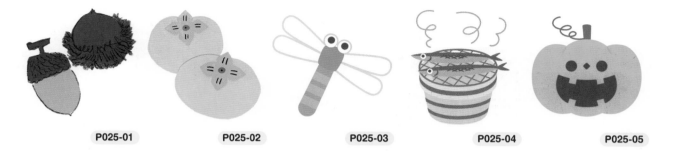

P025-01   P025-02   P025-03   P025-04   P025-05

● 10月をあらわすイラスト

P025-06   P025-07

P025-08   P025-09   P025-10   P025-11   P025-12

P025-13   P025-14   P025-15   P025-16   P025-17

● 飾り見出し・月名

11
月
季節

通年

保健・食育

行事

案内掲示物

P026-01A　P026-01B　P026-01C

P026-03

P026-02A　P026-02B　P026-02C

P026-04

P026-05

P026-06A　P026-06B　P026-06C

P026-07A　P026-07B　P026-07C

P026-08

P026-09

● アイコンイラスト

P027-01　　P027-02　　P027-03　　P027-04　　P027-05

● 11月をあらわすイラスト

P027-06　　　　　　　　　　　　　　P027-07

P027-08　　P027-09　　P027-10　　P027-11　　P027-12

P027-13　　P027-14　　P027-15　　P027-16　　P027-17

季節 11月

通年

保健・食育

行事

案内掲示物

● 飾り見出し・月名

12月 季節

通年

保健・食育

行事

案内掲示物

P028-01A　P028-01B　P028-01C

P028-03

P028-02A　P028-02B　P028-02C

P028-04

P028-05

P028-06A　P028-06B　P028-06C

P028-07A　P028-07B　P028-07C

P028-08

P028-09

● アイコンイラスト

P029-01　　　　P029-02　　　　P029-03　　　　P029-04　　　　P029-05

● 12月をあらわすイラスト

P029-06　　　　　　　　　　　　　　　　P029-07

P029-08　　　P029-09　　　P029-10　　　P029-11　　　P029-12

P029-13　　　P029-14　　　P029-15　　　P029-16　　　P029-17

季節 12月

通年

保健・食育

行事

案内掲示物

季節 1月
通年
保健・食育
行事
案内掲示物

● 飾り見出し・月名

P030-01A　P030-01B　P030-01C

P030-03

P030-02A　P030-02B　P030-02C

P030-04

P030-05

P030-06A　P030-06B　P030-06C

P030-07A　P030-07B　P030-07C

P030-08

P030-09

● アイコンイラスト

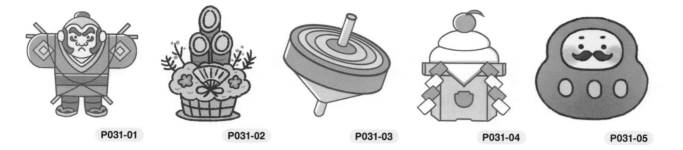

P031-01　　　P031-02　　　P031-03　　　P031-04　　　P031-05

● 1月をあらわすイラスト

P031-06　　　　　　　　P031-07

P031-08　　　P031-09　　　P031-10　　　P031-11　　　P031-12

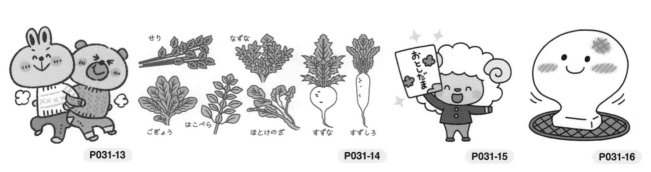

せり　　なずな　　　　　　　　　　　おとしだま

ごぎょう　はこべら　　ほとけのざ　すずな　すずしろ

P031-13　　　　　　　　P031-14　　　P031-15　　　P031-16

季節 1月

通年

保健・食育

行事

案内掲示物

031

季節
2月

通年

保健・食育

行事

案内掲示物

● 飾り見出し・月名

P032-01A　P032-01B　P032-01C

P032-03

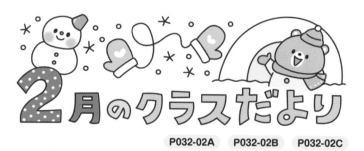

P032-02A　P032-02B　P032-02C

P032-04

P032-05

P032-06A　P032-06B　P032-06C

P032-07A　P032-07B　P032-07C

P032-08

P032-09

【データ名末尾について】A…文字＋フレーム　B…フレームのみ　C…文字のみ

● アイコンイラスト

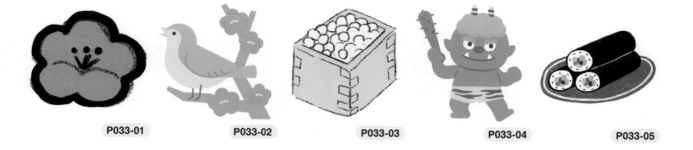

P033-01　　　P033-02　　　P033-03　　　P033-04　　　P033-05

● 2月をあらわすイラスト

P033-06　　　　　　　　　　　　　P033-07

P033-08　　　P033-09　　　P033-10　　　P033-11　　　P033-12

P033-13　　　P033-14　　　P033-15　　　P033-16　　　P033-17

季節 2月

通年

保健・食育

行事

案内掲示物

033

● 飾り見出し・月名

3月
季節

通年

保健・食育

行事

案内掲示物

P034-01A　P034-01B　P034-01C

P034-03

P034-02A　P034-02B　P034-02C

P034-04

P034-05

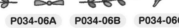

P034-06A　P034-06B　P034-06C

P034-07A　P034-07B　P034-07C

P034-08

P034-09

【データ名末尾について】A…文字＋フレーム　B…フレームのみ　C…文字のみ

● アイコンイラスト

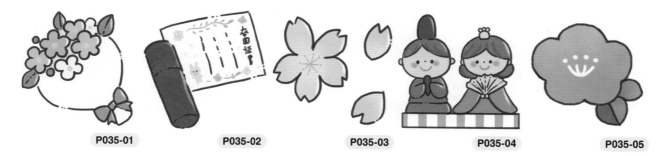

P035-01　　　P035-02　　　P035-03　　　P035-04　　　P035-05

● 3月をあらわすイラスト

P035-06　　　　　　　　　P035-07

P035-08　　　P035-09　　　P035-10　　　P035-11　　　P035-12

P035-13　　　P035-14　　　P035-15　　　P035-16　　　P035-17

季節 3月

通年

保健・食育

行事

案内掲示物

季節のフレーム・ライン

P036-039_
kisetsu-flame_line > P036

おたよりや行事用の印刷物で使用できるフレームとラインを季節別に集めました。

● 春

P036-01

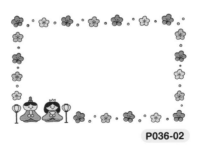

P036-02

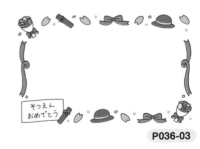

P036-03

P036-04

P036-05

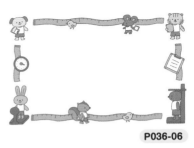

P036-06

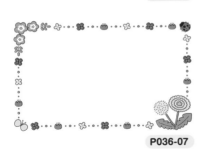

P036-07

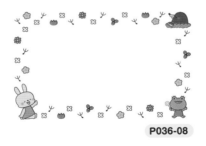

P036-08

P036-09

タテ　P036-10T　　ヨコ　P036-10Y

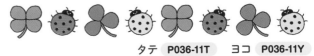

タテ　P036-11T　　ヨコ　P036-11Y

タテ　P036-12T　　ヨコ　P036-12Y

タテ　P036-13T　　ヨコ　P036-13Y

タテ　P036-14T　　ヨコ　P036-14Y

タテ　P036-15T　　ヨコ　P036-15Y

タテ　P036-16T　　ヨコ　P036-16Y

タテ　P036-17T　　ヨコ　P036-17Y

通年

保健・食育

行事

案内掲示物

● 夏

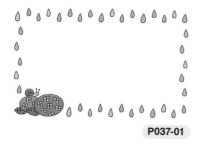

P037-01

P037-02

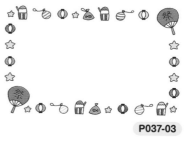

P037-03

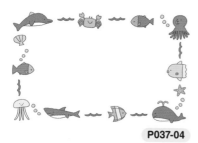

P037-04

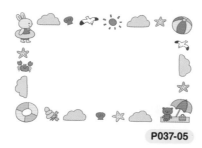

P037-05

P037-06

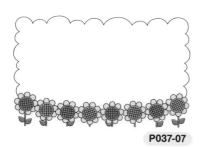

P037-07

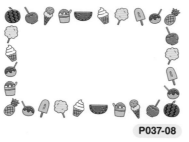

P037-08

P037-09

タテ P037-10T　ヨコ P037-10Y

タテ P037-11T　ヨコ P037-11Y

タテ P037-12T　ヨコ P037-12Y

タテ P037-13T　ヨコ P037-13Y

タテ P037-14T　ヨコ P037-14Y

タテ P037-15T　ヨコ P037-15Y

タテ P037-16T　ヨコ P037-16Y

タテ P037-17T　ヨコ P037-17Y

フレーム・ライン
季節

通年

保健・食育

行事

案内掲示物

モノクロは P130　　037

● 秋

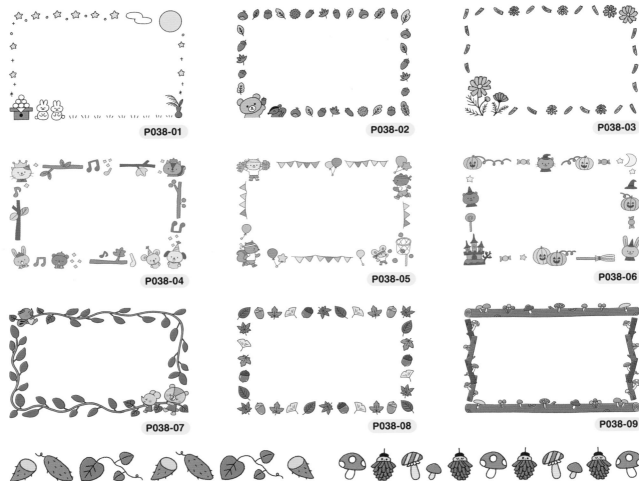

P038-01

P038-02

P038-03

P038-04

P038-05

P038-06

P038-07

P038-08

P038-09

タテ P038-10T　ヨコ P038-10Y

タテ P038-11T　ヨコ P038-11Y

タテ P038-12T　ヨコ P038-12Y

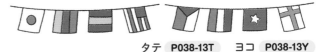

タテ P038-13T　ヨコ P038-13Y

タテ P038-14T　ヨコ P038-14Y

タテ P038-15T　ヨコ P038-15Y

タテ P038-16T　ヨコ P038-16Y

タテ P038-17T　ヨコ P038-17Y

　モノクロは P131　【データ名末尾について】T…タテ長ライン　Y…ヨコ長ライン

季節
フレーム・ライン

通年

保健・食育

行事

案内掲示物

● 冬

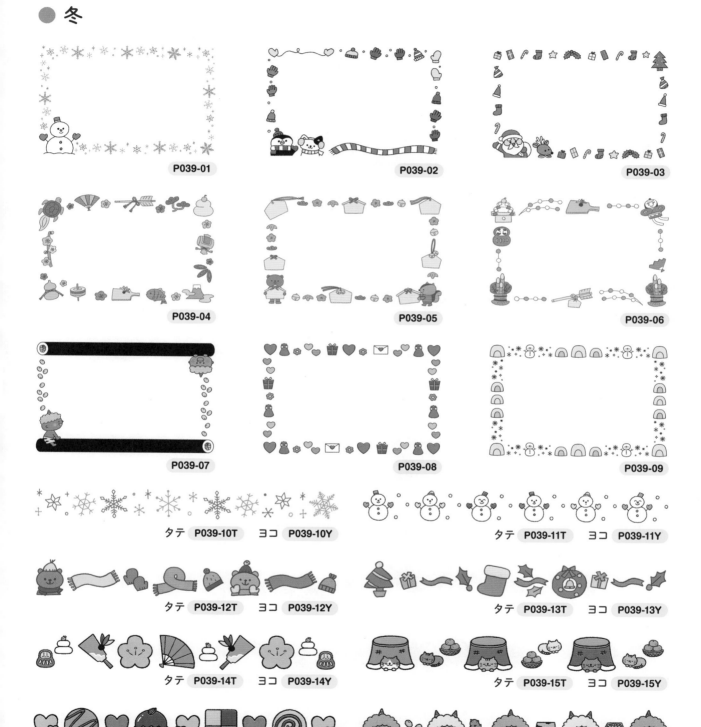

P039-01

P039-02

P039-03

P039-04

P039-05

P039-06

P039-07

P039-08

P039-09

タテ P039-10T　ヨコ P039-10Y

タテ P039-11T　ヨコ P039-11Y

タテ P039-12T　ヨコ P039-12Y

タテ P039-13T　ヨコ P039-13Y

タテ P039-14T　ヨコ P039-14Y

タテ P039-15T　ヨコ P039-15Y

タテ P039-16T　ヨコ P039-16Y

タテ P039-17T　ヨコ P039-17Y

お誕生表

一年を通して使用できるお誕生表です。 お部屋に飾ったり、 お誕生会の飾りつけに使用できます。

P040-044_
hyou > P040-042_
tanjo-hyou > P040

▼ 台紙　仕上がりイメージは P154 へ

A3
P040-01

【使い方】
P040-01をA3で印刷し、A4で印刷した **P040-02**～ **P040-13**を切り取って **P040-01**のまわりに飾る。

P040-02

P040-03

P040-04

P040-05

P040-06

P040-07

P040-08

P040-09

P040-10

P040-11

P040-12

P040-13

モノクロは P132

▼ 台紙　仕上がりイメージは P154 へ

【使い方】
P041-01をA3で印刷し、A4で印刷したP041-02〜P041-07を切り取って繋げて列車の形にして飾る。

A3
P041-01

P041-02

P041-03

P041-04

P041-05

P041-06

P041-07

季節

お誕生表通年

保健・食育

行事

案内掲示物

▼ 台紙　仕上がりイメージは P154 へ

【使い方】
P042-01をA3で印刷し、A4で印刷した P042-02〜 P042-13を切り取って P042-01のまわりに飾る。

A3
P042-01

P042-02

P042-03

P042-04

P042-05

P042-06

P042-07

P042-08

P042-09

P042-10

P042-11

P042-12

P042-13

お当番表・お知らせ表

毎日のお当番を知らせるお当番表や、お知らせ用の掲示物で使用できるイラストを集めました。

▼ **台紙**　仕上がりイメージは P154 へ

A3
P043-01

【使い方】P043-01をA3で印刷し、A4で印刷した
P043-02～03を切り取って、虹のふもとに飾る。

▼ **台紙**　仕上がりイメージは P154 へ

A3
P043-04

【使い方】P043-04をA3で印刷し、A4で印刷した
P043-05～06を切り取って、箱の中に飾る。

▼ **お名前カード**

A4　P043-02

A4　P043-03

▼ **お名前カード**

A4　P043-05

A4　P043-06

季節

お当番・お知らせ

通年

保健・食育

行事

案内掲示物

お名前カードを複数印刷する場合は「PDF」から始まるデータをA3で印刷してください。

モノクロは P133

▼ **台紙**　仕上がりイメージは P154 へ

A3
P044-01

▼ **お名前カード**

A4
P044-02

A4
P044-03

【使い方】 **P044-01**をA3で印刷し、A4で印刷した
P044-02～03を切り取って台紙に飾る。

● **お当番表タイトル**

A4
P044-04

A4
P044-05

● **お知らせ表**

A4
P044-06

A4
P044-07

A4
P044-08

A4
P044-09

季節

お当番・お知らせ　通年

保健・食育

行事

案内掲示物

文字・数字

P045-049_
moji_suji
P045-046_
hiragana
P045

おたよりや行事用の印刷物に使用したり、そのまま印刷して壁面の飾りつけにも使用できます。

● ひらがな1

あいうえおかきくけこさしすせそたち
つてとなにぬねのはひふへほまみむめ
もやゆよらりるれろわをんがぎぐげご
ざじずぜぞだぢづでどばびぶべぼぱぴ
ぷぺぽあいうえおやゆよ、。〜！？

P045-01 〜 P045-84

● ひらがな2

あいうえおかきくけこさしすせそたち
つてとなにぬねのはひふへほまみむめ
もやゆよらりるれろわをんがぎぐげご
ざじずぜぞだぢづでどばびぶべぼぱぴ
ぷぺぽあいうえおやゆよ、。〜！？

P045-85 〜 P045-168

季節

文字・数字
通年

保健・食育

行事

案内掲示物

● ひらがな3

あいうえおかきくけこさしすせそたち
つてとなにぬねのはひふへほまみむめ
もやゆよらりるれろわをんがぎぐげご
ざじずぜぞだぢづでどばびぶべぼぱぴ
ぷぺぽぁぃぅぇぉゃゅょ、。〜！？

P046-01〜P046-84

● ひらがな4

あいうえおかきくけこさしすせそたち
つてとなにぬねのはひふへほまみむめ
もやゆよらりるれろわをんがぎぐげご
ざじずぜぞだぢづでどばびぶべぼぱぴ
ぷぺぽぁぃぅぇぉゃゅょ、。〜！？

P046-85〜P046-168

● カタカナ1

アイウエオカキクケコサシスセソタチ
ツテトナニヌネノハヒフヘホマミムメ
モヤユヨラリルレロワヲンガギグゲゴ
ザジズゼゾダヂヅデドバビブベボパピ
プペポァィゥェォャュョ、。〜！？

P047-01〜P047-84

● カタカナ2

アイウエオカキクケコサシスセソタチ
ツテトナニヌネノハヒフヘホマミムメ
モヤユヨラリルレロワヲンガギグゲゴ
ザジズゼゾダヂヅデドバビブベボパピ
プペポァィゥェォャュョ、。〜！？

P047-85〜P047-168

季節

文字・数字
通年

保健・食育

行事

案内掲示物

● カタカナ3

アイウエオカキクケコサシスセソタチ
ツテトナニヌネノハヒフヘホマミムメ
モヤユヨラリルレロワヲンガギグゲゴ
ザジズゼゾダヂヅデドバビブベボパピ
プペポァィゥェォャュョ、。〜！？

P048-01 〜 P048-84

● カタカナ4

アイウエオカキクケコサシスセソタチ
ツテトナニヌネノハヒフヘホマミムメ
モヤユヨラリルレロワヲンガギグゲゴ
ザジズゼゾダヂヅデドバビブベボパピ
プペポァィゥェォャュョ、。〜！？

P048-85 〜 P048-168

● 英数字1

ABCDEFGHIJKLMNO
PQRSTUVWXYZabcd
efghijklmnopqrs
tuvwxyz
1234567890!?

P049-01 ～ P049-64

● 英数字2

ABCDEFGHIJKLMNO
PQRSTUVWXYZabcd
efghijklmnopqrs
tuvwxyz
1234567890!?

P049-65 ～ P049-128

季節

文字・数字 通年

保健・食育

行事

案内掲示物

モノクロは P135

フレーム・ライン

季節を問わず、おたよりや行事用の印刷物で使用できるフレームとラインを集めました。

季節

通年 フレーム・ライン

保健・食育

行事

案内掲示物

● フレーム

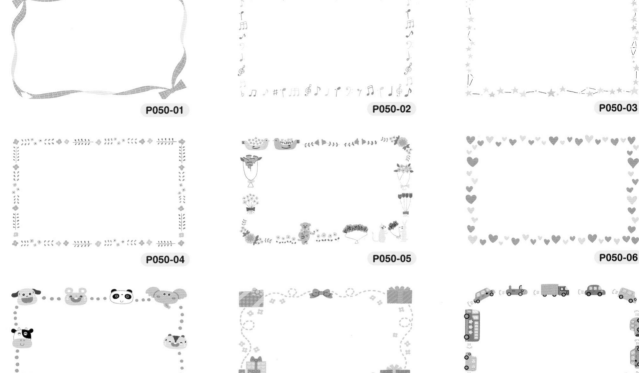

P050-01

P050-02

P050-03

P050-04

P050-05

P050-06

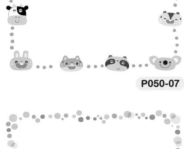

P050-07

P050-08

P050-09

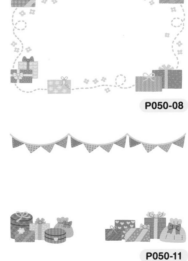

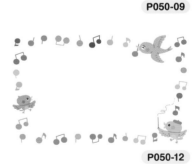

P050-10

P050-11

P050-12

● お名前フレーム 個人マークをつけてお名前シールにしたり、引き出しなどのラベルシールとして使用できます。

P050-13b P050-13p P050-13pu P050-13ye   P050-14b P050-14p P050-14pu P050-14ye   P050-15b P050-15p P050-15pu P050-15ye

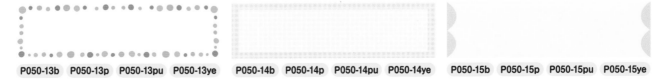

モノクロは P136   【P50-13〜15のデータ名末尾について】b…青 p…ピンク pu…紫 ye…黄

● ライン

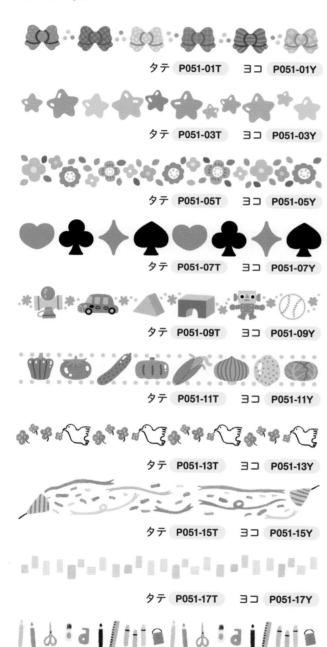
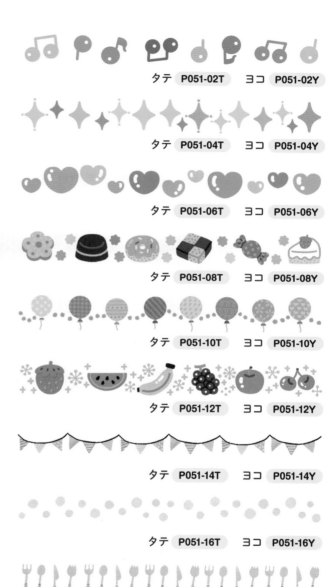

タテ P051-01T	ヨコ P051-01Y	
タテ P051-02T	ヨコ P051-02Y	
タテ P051-03T	ヨコ P051-03Y	
タテ P051-04T	ヨコ P051-04Y	
タテ P051-05T	ヨコ P051-05Y	
タテ P051-06T	ヨコ P051-06Y	
タテ P051-07T	ヨコ P051-07Y	
タテ P051-08T	ヨコ P051-08Y	
タテ P051-09T	ヨコ P051-09Y	
タテ P051-10T	ヨコ P051-10Y	
タテ P051-11T	ヨコ P051-11Y	
タテ P051-12T	ヨコ P051-12Y	
タテ P051-13T	ヨコ P051-13Y	
タテ P051-14T	ヨコ P051-14Y	
タテ P051-15T	ヨコ P051-15Y	
タテ P051-16T	ヨコ P051-16Y	
タテ P051-17T	ヨコ P051-17Y	
タテ P051-18T	ヨコ P051-18Y	
タテ P051-19T	ヨコ P051-19Y	
タテ P051-20T	ヨコ P051-20Y	
タテ P051-21T	ヨコ P051-21Y	
タテ P051-22T	ヨコ P051-22Y	

季節

フレーム・ライン 通年

保健・食育

行事

案内掲示物

背景

通年使えるものから行事用に使えるものまで、さまざまな背景素材を集めました。

P052-053_
haikei ＞ P052

【使い方】 おたよりや行事用印刷物の背景にしたり、大きめの用紙に印刷して包装紙としても使えます。

A4 P052-01	A4 P052-02	A4 P052-03
A4 P052-04	A4 P052-05	A4 P052-06
A4 P052-07	A4 P052-08	A4 P052-09
A4 P052-10	A4 P052-11	A4 P052-12

季節

通年
背景

保健・食育

行事

案内掲示物

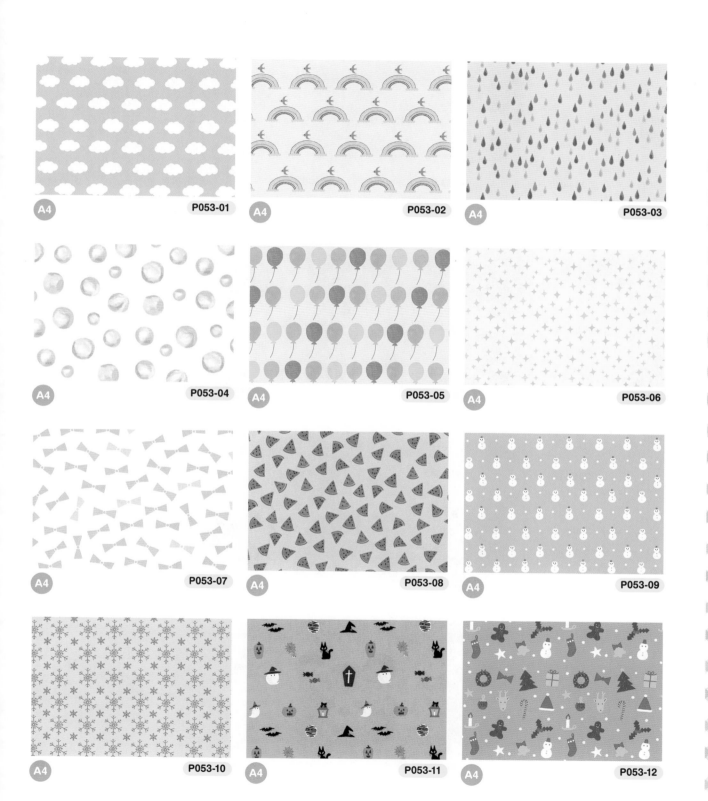

A4 　P053-01

A4 　P053-02

A4 　P053-03

A4 　P053-04

A4 　P053-05

A4 　P053-06

A4 　P053-07

A4 　P053-08

A4 　P053-09

A4 　P053-10

A4 　P053-11

A4 　P053-12

季節

背景
通年

保健・食育

行事

案内掲示物

モノクロは P138

個人マーク

個人マークとして使用できる生き物や乗り物、草花のイラストを集めました。

P054-059_kojin-mark > P054

● 動物

P054-01

P054-02

P054-03

P054-04

P054-05

P054-06

P054-07

P054-08

P054-09

P054-10

P054-11

P054-12

P054-13

P054-14

P054-15

P054-16

P054-17

P054-18

P054-19

P054-20

P054-21

P054-22

P054-23

P054-24

P054-25

● 鳥・虫

P055-01

P055-02

P055-03

P055-04

P055-05

P055-06

P055-07

P055-08

P055-09

P055-10

P055-11

P055-12

P055-13

P055-14

P055-15

P055-16

P055-17

P055-18

P055-19

P055-20

P055-21

P055-22

P055-23

P055-24

P055-25

季節

個人マーク
通年

保健・食育

行事

案内掲示物

モノクロは P139

● 水の生き物

P056-01　　　P056-02　　　P056-03　　　P056-04　　　P056-05

P056-06　　　P056-07　　　P056-08　　　P056-09　　　P056-10

P056-11　　　P056-12　　　P056-13　　　P056-14　　　P056-15

P056-16　　　P056-17　　　P056-18　　　P056-19　　　P056-20

P056-21　　　P056-22　　　P056-23　　　P056-24　　　P056-25

季節

個人マーク　通年

保健・食育

行事

案内掲示物

● 乗り物・恐竜

P057-01

P057-02

P057-03

P057-04

P057-05

P057-06

P057-07

P057-08

P057-09

P057-10

P057-11

P057-12

P057-13

P057-14

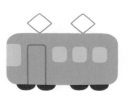

P057-15

P057-16

P057-17

P057-18

P057-19

P057-20

P057-21

P057-22

P057-23

P057-24

P057-25

季節

個人マーク 通年

保健・食育

行事

案内掲示物

モノクロは P140

果物・野菜

P058-01

P058-02

P058-03

P058-04

P058-05

P058-06

P058-07

P058-08

P058-09

P058-10

P058-11

P058-12

P058-13

P058-14

P058-15

P058-16

P058-17

P058-18

P058-19

P058-20

P058-21

P058-22

P058-23

P058-24

P058-25

季節

個人マーク 通年

保健・食育

行事

案内掲示物

● 草花

P059-01　　P059-02　　P059-03　　P059-04　　P059-05

P059-06　　P059-07　　P059-08　　P059-09　　P059-10

P059-11　　P059-12　　P059-13　　P059-14　　P059-15

P059-16　　P059-17　　P059-18　　P059-19　　P059-20

P059-21　　P059-22　　P059-23　　P059-24　　P059-25

季節

個人マーク
通年

保健・食育

行事

案内掲示物

グッズマーク

P060-062_goods-mark > P060

日常的に使用するアイテムや持ち物のイラストを集めました。

● 持ち物・身につける物・おもちゃ

P060-01　　P060-02　　P060-03　　P060-04　　P060-05

P060-06　　P060-07　　P060-08　　P060-09　　P060-10

P060-11　　P060-12　　P060-13　　P060-14　　P060-15

P060-16　　P060-17　　P060-18　　P060-19　　P060-20

P060-21　　P060-22　　P060-23　　P060-24　　P060-25

季節

通年
グッズマーク

保健・食育

行事

案内掲示物

P061-01

P061-02

P061-03

P061-04

P061-05

P061-06

P061-07

P061-08

P061-09

P061-10

P061-11

P061-12

P061-13

P061-14

P061-15

P061-16

P061-17

P061-18

P061-19

P061-20

P061-21

P061-22

P061-23

P061-24

P061-25

季節

グッズマーク
通年

保健・食育

行事

案内掲示物

● 制作用具

P062-01 P062-02 P062-03 P062-04 P062-05
P062-06 P062-07 P062-08 P062-09 P062-10
P062-11 P062-12 P062-13 P062-14 P062-15
P062-16 P062-17 P062-18 P062-19 P062-20
P062-21 P062-22 P062-23 P062-24 P062-25

生活ポスター

教室内に掲示して生活のルールを教えるポスターを集めました。

P063-065_
seikatsu-poster > P063

あいさつを しましょう

おはようございます　　さようなら

A3　　P063-01

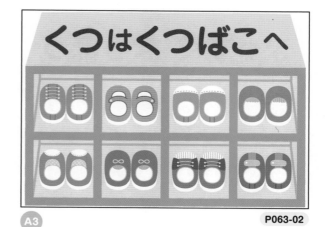

くつはくつばこへ

A3　　P063-02

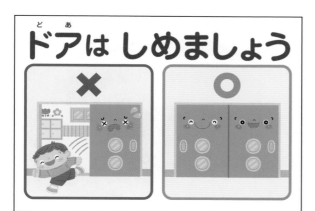

ドアは しめましょう

A3　　P063-03

こえの おおきさひょう

1 2 3 4 5

A3　　P063-04

おもちゃや えほんに
やさしくしよう

A3　　P063-05

きれいにおかたづけ

A3　　P063-06

モノクロは P143

季節

生活ポスター
通年

保健・食育

行事

案内掲示物

季節

通年
生活ポスター

保健・食育

行事

案内掲示物

A3　　P064-01

A3　　P064-02

A3　　P064-03

A3　　P064-04

A3　　P064-05

A3　　P064-06

きれいに たためるかな?

A3　P065-01

じょうずに たためるかな?

A3　P065-02

えんぴつ の もちかた

A3　P065-03

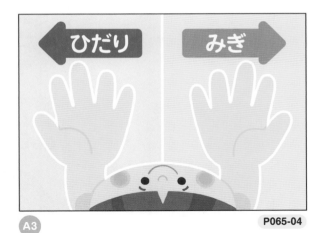

ひだり　みぎ

A3　P065-04

おはしも

A3　P065-05

▼テキストを入力してご自由にお使いください。

A3　P065-06

季節

生活ポスター 通年

保健・食育

行事

案内掲示物

カード

P066-070_card → P066

1日の流れや災害時の行動などを、絵で見せて子どもに伝えるためのカードイラストを集めました。

● 生活カード

データは9×9㎝サイズです。A4用紙の場合、一度に最大6枚印刷できます。

おはようございます

P066-01

にもつを かたづける

P066-02

あさのかい

P066-03

うたを うたう

P066-04

へやで あそぶ

P066-05

トイレを する

P066-06

てを あらう

P066-07

くちゅくちゅ うがい

P066-08

がらがら うがい

P066-09

すいぶんを とる

P066-10

きゅうしょくを たべる
P066-11

おべんとうを たべる

P066-12

モノクロは P144　6枚ずつレイアウトされたPDF（A4サイズ）も収録されています。

しょっきを かたづける

P067-01

はを みがく

P067-02

おひるねを する

P067-03

おやつを たべる

P067-04

ぼうしを かぶる

P067-05

てを つなぐ

P067-06

ならぶ

P067-07

さんぽを する

P067-08

パジャマに きがえる

P067-09

ようふくに きがえる

P067-10

かえりのかい

P067-11

さようなら

P067-12

季節
通年 カード
保健・食育
行事
案内掲示物

6枚ずつレイアウトされたPDF（A4サイズ）も収録されています。　モノクロは P144

● 防災カード

データは9×9㎝サイズです。A4用紙の場合、一度に最大6枚印刷できます。

じしん
P068-01

かじ
P068-02

ひじょうベル
P068-03

まどから はなれる
P068-04

あたまを まもる
P068-05

くつを はく
P068-06

はなと くちを ふさぐ
P068-07

ぼうさいずきんを かぶる
P068-08

おしません
P068-09

はしりません
P068-10

しゃべりません
P068-11

もどりません
P068-12

モノクロは P144　6枚ずつレイアウトされたPDF（A4サイズ）も収録されています。

● 気持ちを伝えるカード

データは9×9cmサイズです。A4用紙の場合、一度に最大6枚印刷できます。

うれしい

P069-01

たのしい

P069-02

やってみたい

P069-03

きになる

P069-04

あそびたい

P069-05

ドキドキ

P069-06

おいしい

P069-07

おもしろい

P069-08

だいすき

P069-09

はずかしい

P069-10

ねむたい

P069-11

こまった

P069-12

季節

通年 カード

保健・食育

行事

案内掲示物

6枚ずつレイアウトされたPDF（A4サイズ）も収録されています。　　モノクロは P145

季節

カード 通年

保健・食育

行事

案内掲示物

かなしい

P070-01

なきたい

P070-02

おこった

P070-03

いたい

P070-04

あつい

P070-05

さむい

P070-06

いやだ

P070-07

こわい

P070-08

うるさい

P070-09

つかれた

P070-10

さみしい

P070-11

わからない

P070-12

手描き風絵文字

おたよりに使用できる、感情や簡単な記号、天気をあらわすイラストを集めました。

● 気持ち

P071-01　　P071-02　　P071-03　　P071-04　　P071-05　　P071-06

P071-07　　P071-08　　P071-09　　P071-10　　P071-11　　P071-12

P071-13　　P071-14　　P071-15　　P071-16　　P071-17　　P071-18

● 記号

P071-19　　P071-20　　P071-21　　P071-22　　P071-23　　P071-24

P071-25　　P071-26　　P071-27　　P071-28　　P071-29　　P071-30

P071-31　　P071-32　　P071-33　　P071-34　　P071-35　　P071-36

P071-37　　P071-38　　P071-39　　P071-40　　P071-41　　P071-42

季節

通年　絵文字

保健・食育

行事

案内掲示物

● 保健イラスト

P072-01

P072-02

P072-03

P072-04

P072-05

P072-06

P072-07

P072-08

P072-09

P072-10

P072-11

P072-12

P072-13

P072-14

P072-15

P072-16

季節
通年
保健・食育 保健
行事
案内掲示物

● 保健ポスター

おしっこ、うんちのしかた

1 ふたを あけて ずぼんと ぱんつを ぬぐ
2 すわってから おしっこや うんち をする
3 トイレットペーパーを ちぎる
4 しっかり ふく
5 ずぼんと ぱんつを はく
6 ふたを しめて みずを ながす

トイレットペーパーは ここまで のばして ちぎるよ

A3　P073-01

おしっこの しかた

1 ずぼんと ぱんつを おろす
2 べんきに むけて おしっこを する
3 のこった おしっこを きる
4 ずぼんと ぱんつを はきてをあらう

A3　P073-02

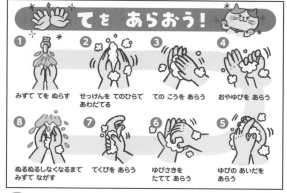

てを あらおう！

1 みずて てを ぬらす
2 せっけんを てのひらで あわだてる
3 ての こうを あらう
4 おやゆびを あらう
5 ゆびの あいだを あらう
6 ゆびさきを たてて あらう
7 てくびを あらう
8 ぬるぬるしなくなるまで みずで ながす

A3　P073-03

うがいを しよう！

くちゅくちゅ うがい
がらがら うがい

A3　P073-04

はを みがこう！

はの ひょうめん
うえの おくば
したの おくば
はの うらがわ

A3　P073-05

せき くしゃみを するときは くちを おおってね

A3　P073-06

食育

P072-075_hoken_shokuiku > P074-075_shokuiku > P074

食育だよりに使えるイラストや食育に関する知識やルールを教えるポスターを集めました。

● 食育イラスト

P074-01

P074-02

P074-03

P074-04

P074-05

P074-06

P074-07

P074-08

P074-09

P074-10

P074-11

P074-12

P074-13

P074-14

● 食育ポスター

A3　P075-01

A3　P075-02

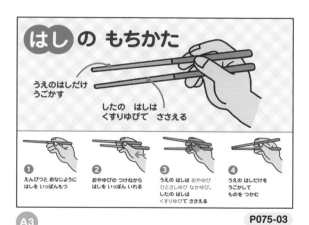

A3　P075-03

A3　P075-04

A3　P075-05

A4　P075-06

証書・メダル

卒園式や運動会で使える賞状やメダルのテンプレートを集めました。

P076-077_shosho_medaru > P076

● 証書・賞状

A4　　P076-01A　　P076-01B

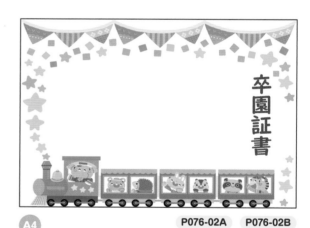

A4　　P076-02A　　P076-02B

A4　　P076-03A　　P076-03B

A4　　P076-04A　　P076-04B

A4　　P076-05A　　P076-05B

【データ名末尾について】A…文字＋フレーム　B…フレームのみ

● **メダル**　データは9×9㎝サイズです。A4用紙の場合、一度に最大6枚印刷できます。

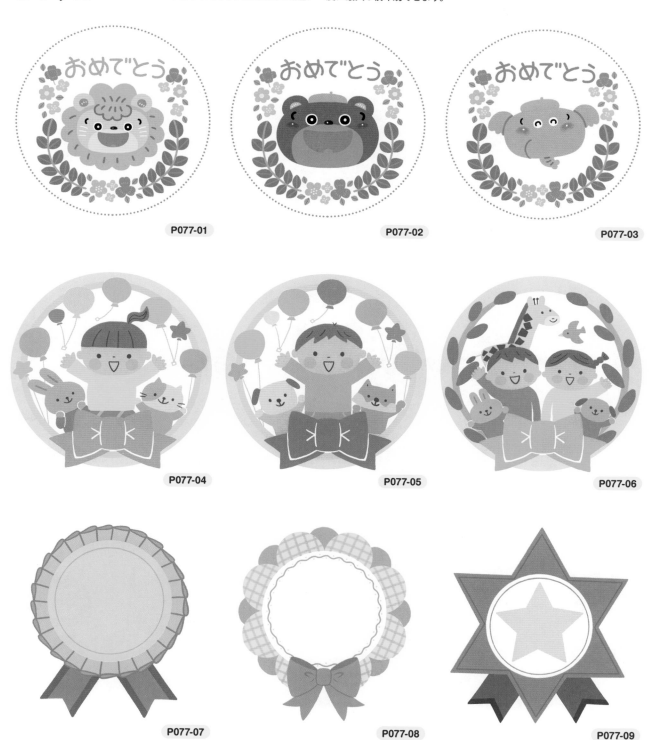

P077-01　　　　　　　　P077-02　　　　　　　　P077-03

P077-04　　　　　　　　P077-05　　　　　　　　P077-06

P077-07　　　　　　　　P077-08　　　　　　　　P077-09

季節

通年

保健・食育

証書・メダル
行事

案内掲示物

各メダルが2枚ずつレイアウトされたPDF（A4サイズ）も収録されています。

年賀状

年賀状用のテンプレートと、干支やお正月モチーフのイラストを集めました。

▼ テンプレート

テンプレートはハガキサイズ（100×148㎜）です。

P078-01

P078-02

▼ イラスト

P078-03

P078-04

P078-05

P078-06

謹賀新年

P078-07

あけまして
おめでとう
ございます

P078-08

P078-09

P078-10

P078-11

P078-12

P078-13

P078-14

P078-15

P078-16

P078-17

P078-18

P078-19

P078-20

P078-21

季節

通年

保健・食育

行事　年賀状

案内掲示物

078

案内掲示物

日常で使用できるものから行事で使用できるものまで、来園した保護者に向けた掲示物です。

駐輪場

A3　P079-01A　P079-01B

ベビーカー置き場

A3　P079-02A　P079-02B

えほんコーナー
A3　P079-03A　P079-03B

授乳コーナー

A3　P079-04A　P079-04B

オムツ替えコーナー

A3　P079-05A　P079-05B

トイレ

A3　P079-06A　P079-06B

職員出入り口

A3　P079-07A　P079-07B

受付

A3　P079-08A　P079-08B

来賓席

A3　P079-09A　P079-09B

もえるごみ

A4　P079-10

もえないごみ

A4　P079-11

プラスチック

A4　P079-12

ペットボトル

A4　P079-13

季節　通年　保健・食育　行事　案内掲示物

【データ名末尾について】A…文字＋イラスト　B…イラストのみ

季節

通年

保健・食育

行事

案内掲示物

手指の消毒に
ご協力ください

A3　　　　　P080-01

御用の方は
インターホンを
押してください

A3　　　　　P080-02

お静かに
お願いします

A3　　　　　P080-03

立ち入り禁止

A3　　P080-04A　P080-04B

遊ばせないでください

A3　　P080-05A　P080-05B

撮影はご遠慮ください

A3　　P080-06A　P080-06B

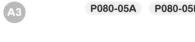

撮 影 可

A3　　P080-07A　P080-07B

入退室の際は
施錠にご協力ください

A3　　P080-08A　P080-08B

絵本の貸出しについて

A3　　P080-09A　P080-09B

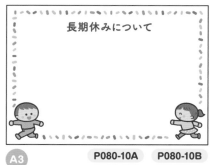

長期休みについて

A3　　P080-10A　P080-10B

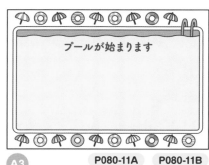

プールが始まります

A3　　P080-11A　P080-11B

A3　　　　　P080-12

モノクロ イラスト

おもにおたよりや行事のプログラムなどで使用できる
子どもたちの様子をあらわすイラストを
種類豊富に集めました。

モノクロイラストについて

● 一部を除いて、カラーページにあるイラストをモノクロにして収録しています。カラー
版は、ページ下部にあるページリンクをご覧ください。

● カラーページのリンクがないものはモノクロ印刷のみ、ページ内にカラーイラストがあるも
のと無いものが混在している場合は、カラーイラストがあるものに△マークをつけています。

4月 April

● 飾り見出し

△ P082-01A　P082-01B　P082-01C

△ P082-02A　P082-02B　P082-02C

P082-03A　P082-03B　P082-03C

（右）P082-04A　P082-04B　P082-04C

△ P082-06

△ P082-07

△ P082-05

△ P082-08A　P082-08B　P082-08C

△ P082-09A　P082-09B　P082-09C

P083-01A　P083-01B　P083-01C

P083-02A　P083-02B　P083-02C

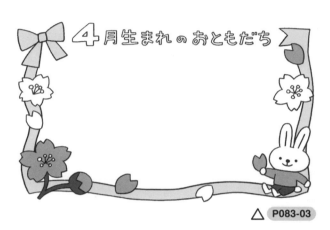

4月生まれ の おともだち

△ P083-03

おたんじょうびおめでとう！

△ P083-04

● アイコンイラスト

△ P083-05

△ P083-06

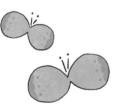
△ P083-07

P083-08

P083-09

P083-10

P083-11

△ P083-12

△ P083-13

P083-14

季節 4月

通年

保健・食育

● データ名の横に△がついているイラストはカラーイラストも収録しています。

● イメージイラスト

△ P084-01

△ P084-02

△ P084-03

△ P084-04

△ P084-05

△ P084-06

△ P084-07

△ P084-08

P084-09

△ P084-10

△ P084-11

△ P084-12

P084-13

△ P084-14

P084-15

P084-16

P084-17

P084-18

P084-19

P084-20

　● データ名の横に△がついているイラストはカラーイラストも収録しています。

● フレーム・ライン

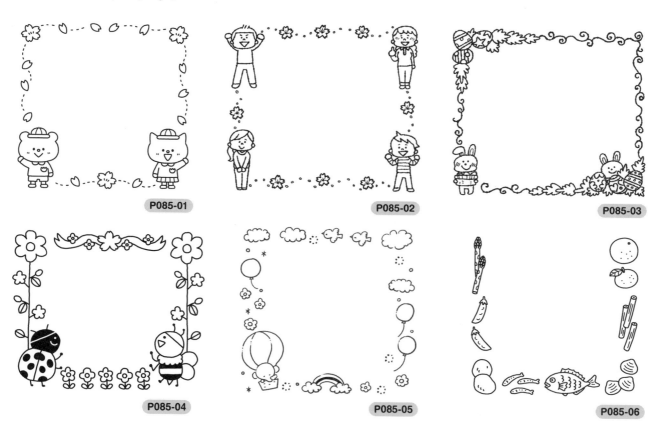

P085-01

P085-02

P085-03

P085-04

P085-05

P085-06

P085-07

P085-08

P085-09

P085-10

P085-11

5月 May

● 飾り見出し

△ P086-01A　P086-01B　P086-01C

△ P086-02A　P086-02B　P086-02C

P086-03A　P086-03B　P086-03C

△ P086-05

△ P086-06

△ P086-07

5月のクラスだより

P086-04A　P086-04B　P086-04C

△ P086-08A　P086-08B　P086-08C

△ P086-09A　P086-09B　P086-09C

　カラーは **P014-015**　【データ名末尾について】A…文字+フレーム　B…フレームのみ　C…文字のみ

P087-01A P087-01B P087-01C

P087-02A P087-02B P087-02C

△ P087-03

△ P087-04

● アイコンイラスト

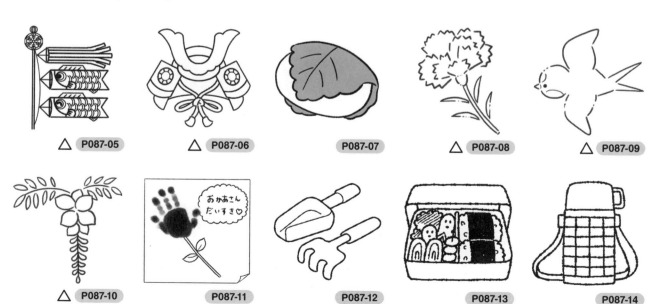

△ P087-05   △ P087-06   P087-07   △ P087-08   △ P087-09

△ P087-10   P087-11   P087-12   P087-13   P087-14

● イメージイラスト

5月 季節

通年

保健・食育

△ P088-01

△ P088-02

△ P088-03

△ P088-04

△ P088-05

△ P088-06

△ P088-07

△ P088-08

△ P088-09

△ P088-10

P088-11

P088-12

P088-13

△ P088-14

P088-15

P088-16

P088-17

P088-18

P088-19

P088-20

△ P088-21

● フレーム・ライン

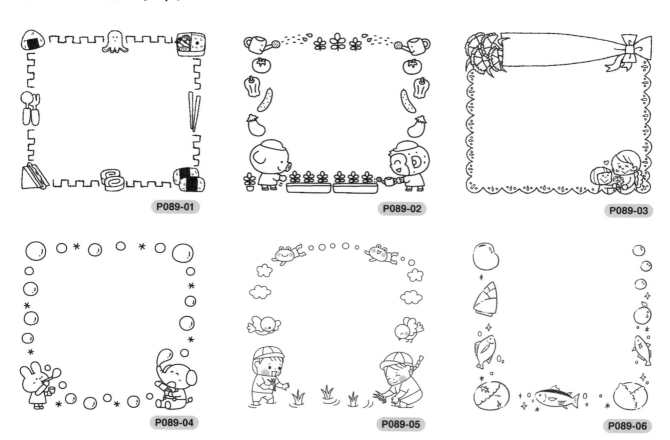

P089-01

P089-02

P089-03

P089-04

P089-05

P089-06

P089-07

P089-08

P089-09

P089-10

P089-11

6月 June

● 飾り見出し

△ P090-01A P090-01B P090-01C

△ P090-02A P090-02B P090-02C

P090-03A P090-03B P090-03C

P090-04A P090-04B P090-04C

△ P090-05

△ P090-06

△ P090-07

△ P090-08A P090-08B P090-08C

△ P090-09A P090-09B P090-09C

季節 6月

通年

保健・食育

カラーは **P016-017** 【データ名末尾について】A…文字＋フレーム　B…フレームのみ　C…文字のみ

P091-01A P091-01B P091-01C

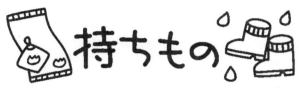

P091-02A P091-02B P091-02C

△ P091-03

△ P091-04

● アイコンイラスト

△ P091-05

P091-06

△ P091-07

P091-08

△ P091-09

P091-10

△ P091-11

△ P091-12

P091-13

P091-14

季節 6月 通年 保健・食育

● データ名の横に△がついているイラストはカラーイラストも収録しています。　091

● イメージイラスト

季節

通年

保健・食育

△ P092-01

△ P092-02

△ P092-03

P092-04

△ P092-05

P092-06

P092-07

△ P092-08

△ P092-09

△ P092-10

△ P092-11

P092-12

P092-13

△ P092-14

△ P092-15

△ P092-16

P092-17

P092-18

△ P092-19

カラーは P017   ● データ名の横に△がついているイラストはカラーイラストも収録しています。

● フレーム・ライン

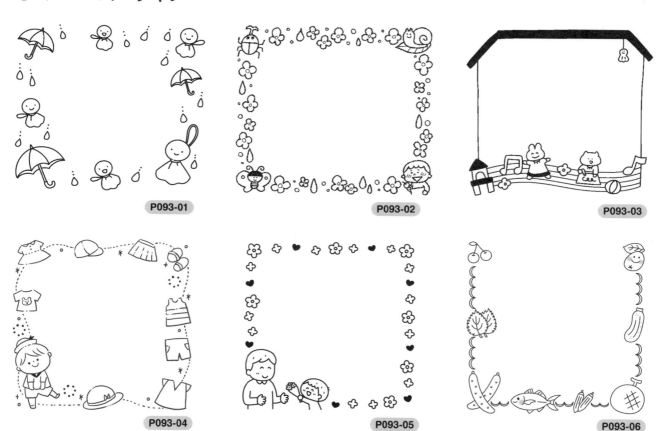

P093-01

P093-02

P093-03

P093-04

P093-05

P093-06

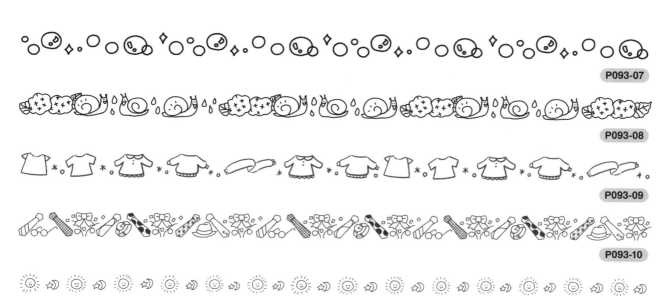

P093-07

P093-08

P093-09

P093-10

P093-11

季節 6月

通年

保健・食育

7月 July

● 飾り見出し

△ P094-01A　P094-01B　P094-01C

△ P094-02A　P094-02B　P094-02C

P094-03A　P094-03B　P094-03C

P094-04A　P094-04B　P094-04C

△ P094-05

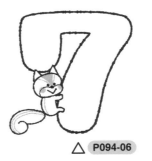

△ P094-06

△ P094-07

△ P094-08A　P094-08B　P094-08C

△ P094-09A　P094-09B　P094-09C

　【データ名末尾について】A…文字+フレーム　B…フレームのみ　C…文字のみ

P095-01A　P095-01B　P095-01C

P095-02A　P095-02B　P095-02C

△ P095-03

△ P095-04

● アイコンイラスト

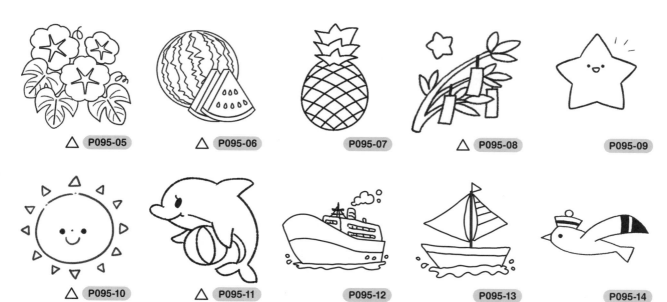

△ P095-05　△ P095-06　P095-07　△ P095-08　P095-09

△ P095-10　△ P095-11　P095-12　P095-13　P095-14

季節 7月

通年

保健・食育

● データ名の横に△がついているイラストはカラーイラストも収録しています。

● イメージイラスト

△ P096-01

△ P096-02

△ P096-03

P096-04

P096-05

△ P096-06

△ P096-07

P096-08

△ P096-09

P096-10

△ P096-11

△ P096-12

△ P096-13

△ P096-14

△ P096-15

P096-16

P096-17

P096-21

P096-19

P096-20

カラーは **P019**　●データ名の横に△がついているイラストはカラーイラストも収録しています。

季節 7月

通年

保健・食育

● フレーム・ライン

P097-01

P097-02

P097-03

P097-04

P097-05

P097-06

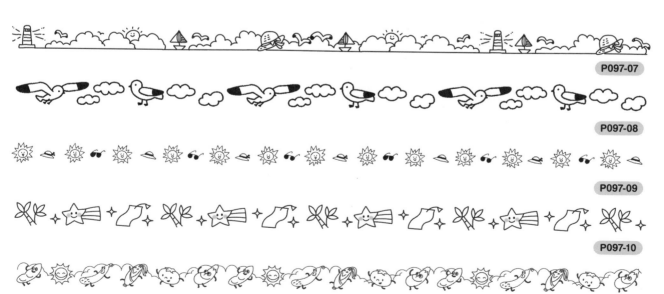

P097-07

P097-08

P097-09

P097-10

P097-11

季節 7月

通年

保健・食育

8月 August

季節 8月

通年

保健・食育

● 飾り見出し

△ P098-01A　P098-01B　P098-01C

△ P098-02A　P098-02B　P098-02C

P098-03A　P098-03B　P098-03C

P098-04A　P098-04B　P098-04C

△ P098-05

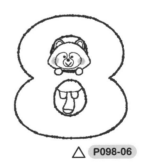

△ P098-06

△ P098-07

△ P098-08A　P098-08B　P098-08C

△ P098-09A　P098-09B　P098-09C

　カラーは **P020-021**　【データ名末尾について】A…文字＋フレーム　B…フレームのみ　C…文字のみ

P099-01A　P099-01B　P099-01C

P099-02A　P099-02B　P099-02C

△ P099-03

△ P099-04

● アイコンイラスト

△ P099-05

△ P099-06

P099-07

△ P099-08

△ P099-09

△ P099-10

P099-11

P099-12

P099-13

P099-14

季節 8月

通年

保健・食育

● データ名の横に△がついているイラストはカラーイラストも収録しています。

● イメージイラスト

 △ P100-01

 △ P100-02

 △ P100-03

 △ P100-04

 △ P100-05

 △ P100-05

 △ P100-06

 △ P100-07

 △ P100-08

 △ P100-09

 △ P100-10

 P100-11

 P100-12

 P100-13

 △ P100-14

 P100-15

 P100-16

 P100-17

 P100-18

 △ P100-19

 P100-20

● データ名の横に△がついているイラストはカラーイラストも収録しています。

8月 季節

通年

保健・食育

● フレーム・ライン

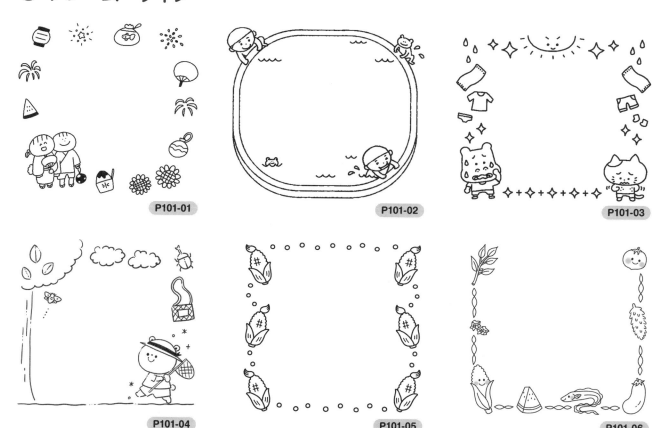

P101-01

P101-02

P101-03

P101-04

P101-05

P101-06

季節 8月

通年

保健・食育

P101-07

P101-08

P101-09

P101-10

P101-11

9月 September

● 飾り見出し

P102-01A　P102-01B　P102-01C

P102-02A　P102-02B　P102-02C

P102-03A　P102-03B　P102-03C

P102-04A　P102-04B　P102-04C

P102-05

P102-06

P102-07

P102-08A　P102-08B　P102-08C

P102-09A　P102-09B　P102-09C

P103-01A P103-01B P103-01C

P103-02A P103-02B P103-02C

△ P103-03

△ P103-04

● アイコンイラスト

△ P103-05　△ P103-06　△ P103-07　△ P103-08　△ P103-09

P103-10　P103-11　P103-12　P103-13　P103-14

● イメージイラスト

△ P104-01

△ P104-02

△ P104-03

△ P104-04

△ P104-05

△ P104-06

P104-07

△ P104-08

P104-09

P104-10

△ P104-11

△ P104-12

△ P104-13

P104-14

P104-15

△ P104-16

P104-17

P104-18

△ P104-19

カラーは **P023** ● データ名の横に△がついているイラストはカラーイラストも収録しています。

● フレーム・ライン

P105-01

P105-02

P105-03

P105-04

P105-05

P105-06

P105-07

P105-08

P105-09

P105-10

P105-11

季節 9月

通年

保健・食育

105

10月 October

● 飾り見出し

季節
10月

通年

保健・食育

△ P106-01A　P106-01B　P106-01C

△ P106-02A　P106-02B　P106-02C

P106-03A　P106-03B　P106-03C

P106-04A　P106-04B　P106-04C

△ P106-05

△ P106-06　　　　　△ P106-07

△ P106-08A　P106-08B　P106-08C

　カラーは **P024-025**　【データ名末尾について】A…文字＋フレーム　B…フレームのみ　C…文字のみ

P107-01A P107-01B P107-01C

P107-02A P107-02B P107-02C

△ P107-03

△ P107-04

● アイコンイラスト

△ P107-05　　△ P107-06　　P107-07　　P107-08　　△ P107-09

△ P107-10　　△ P107-11　　P107-12　　P107-13　　P107-14

● データ名の横に△がついているイラストはカラーイラストも収録しています。　107

季節
10
月

通年

保健・食育

● イメージイラスト

△ P108-01

△ P108-02

△ P108-03

P108-04

△ P108-05

△ P108-06

△ P108-07

△ P108-08

△ P108-09

△ P108-10

P108-11

△ P108-12

P108-13

△ P108-14

△ P108-15

P108-16

P108-17

P108-18

P108-19

P108-20

カラーは P025　　● データ名の横に△がついているイラストはカラーイラストも収録しています。

● フレーム・ライン

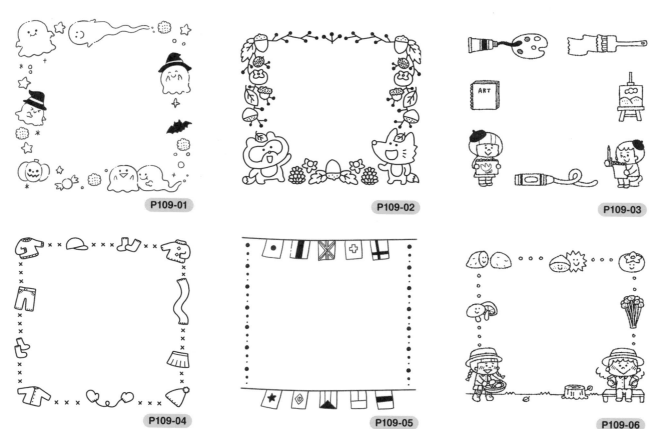

P109-01

P109-02

P109-03

P109-04

P109-05

P109-06

P109-07

P109-08

P109-09

P109-10

P109-11

11月 November

● 飾り見出し

△ P110-01A　P110-01B　P110-01C

△ P110-02A　P110-02B　P110-02C

P110-03A　P110-03B　P110-03C

P110-04A　P110-04B　P110-04C

△ P110-05

△ P110-06　　　　△ P110-07

△ P110-08A　P110-08B　P110-08C

△ P110-09A　P110-09B　P110-09C

　カラーは **P026-027**　【データ名末尾について】A‥‥文字＋フレーム　B‥‥フレームのみ　C‥‥文字のみ

P082-129
_12kagetsu > P110-113
_11gatsu > P111

P111-01A P111-01B P111-01C

P111-02A P111-02B P111-02C

△ P111-03

△ P111-04

● アイコンイラスト

△ P111-05

△ P111-06

△ P111-07

△ P111-08

P111-09

P111-10

P111-11

△ P111-12

P111-13

P111-14

● データ名の横に△がついているイラストはカラーイラストも収録しています。

● イメージイラスト

△ P112-01

△ P112-02

△ P112-03

P112-04

P112-05

P112-06

△ P112-07

△ P112-08

P112-09

△ P112-10

P112-11

△ P112-12

△ P112-13

P112-14

△ P112-15

△ P112-16

△ P112-17

△ P112-18

P112-19

P112-20

P112-21

季節 11月

通年

保健・食育

カラーは P027　● データ名の横に△がついているイラストはカラーイラストも収録しています。

● フレーム・ライン

P113-01

P113-02

P113-03

P113-04

P113-05

P113-06

P113-07

P113-08

P113-09

P113-10

P113-11

季節 11月

通年

保健・食育

113

12月 December

季節 12月

通年

保健・食育

● 飾り見出し

△ P114-01A　P114-01B　P114-01C

△ P114-02A　P114-02B　P114-02C

P114-03A　P114-03B　P114-03C

P114-04A　P114-04B　P114-04C

△ P114-05

△ P114-06

△ P114-07

△ P114-08A　P114-08B　P114-08C

△ P114-09A　P114-09B　P114-09C

　カラーは **P028-029**　【データ名末尾について】A…文字+フレーム　B…フレームのみ　C…文字のみ

P115-01A P115-01B P115-01C

P115-02A P115-02B P115-02C

△ P115-03

△ P115-04

● アイコンイラスト

△ P115-05

△ P115-06

△ P115-07

△ P115-08

△ P115-09

P115-10

P115-11

P115-12

P115-13

P115-14

● データ名の横に△がついているイラストはカラーイラストも収録しています。

115

季節 12月

通年

保健・食育

● イメージイラスト

△ P116-01　　　△ P116-02　　　P116-03　　　△ P116-04

△ P116-05　　△ P116-06　　P116-07　　P116-08　　△ P116-09

△ P116-11　　　△ P116-12　　　△ P116-13

P116-10　　　P116-14　　　P116-15　　　△ P116-16　　　P116-17

P116-18　　　△ P116-19　　　△ P116-20　　　P116-21

　カラーは **P029**　　● データ名の横に△がついているイラストはカラーイラストも収録しています。

● フレーム・ライン

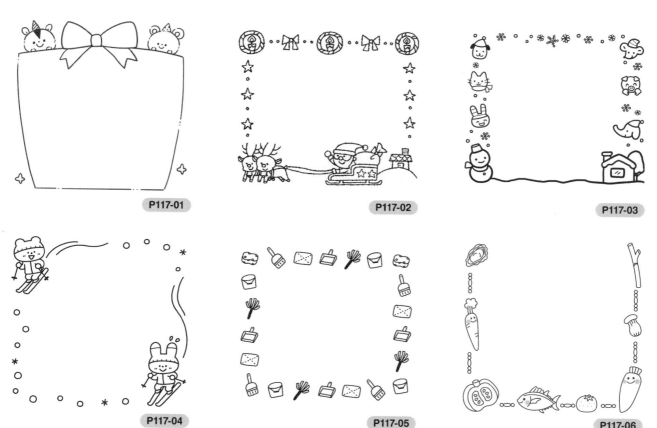

P117-01

P117-02

P117-03

P117-04

P117-05

P117-06

P117-07

P117-08

P117-09

P117-10

P117-11

季節 12月

通年

保健・食育

117

1月 January

● 飾り見出し

△ P118-01A P118-01B P118-01C

△ P118-02A P118-02B P118-02C

P118-03A P118-03B P118-03C

P118-04A P118-04B P118-04C

△ P118-05

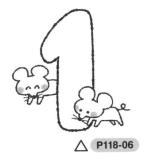

△ P118-06

△ P118-07

△ P118-08A P118-08B P118-08C

△ P118-09A P118-09B P118-09C

P119-01A P119-01B P119-01C

P119-02A P119-02B P119-02C

△ P119-03

△ P119-04

● アイコンイラスト

△ P119-05

△ P119-06

△ P119-07

△ P119-08

△ P119-09

P119-10

P119-11

P119-12

P119-13

P119-14

季節

1月

通年

保健・食育

● データ名の横に△がついているイラストはカラーイラストも収録しています。　119

● イメージイラスト

△ P120-01

△ P120-02

△ P120-03

△ P120-04

△ P120-05

△ P120-06

P120-07

△ P120-08

P120-09

△ P120-10

P120-11

P120-12

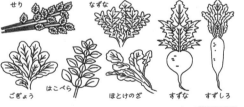

せり　なずな
ごぎょう　はこべら　ほとけのざ　すずな　すずしろ

△ P120-13

P120-14

△ P120-15

P120-16

P120-17

△ P120-18

● フレーム・ライン

P121-01

P121-02

P121-03

P121-04

P121-05

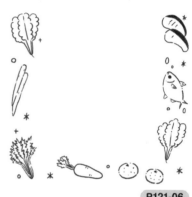

P121-06

P121-07

P121-08

P121-09

P121-10

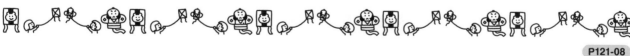

P121-11

季節 1月

通年

保健・食育

121

2月 February

● 飾り見出し

△ P122-01A　P122-01B　P122-01C

△ P122-02A　P122-02B　P122-02C

P122-03A　P122-03B　P122-03C

P122-04A　P122-04B　P122-04C

△ P122-05

△ P122-06

△ P122-07

△ P122-08A　P122-08B　P122-08C

△ P122-09A　P122-09B　P122-09C

　カラーは **P032-033**　【データ名末尾について】A…文字+フレーム　B…フレームのみ　C…文字のみ

P123-01A P123-01B P123-01C

P123-02A P123-02B P123-02C

△ P123-03

△ P123-04

● アイコンイラスト

△ P123-05

△ P123-06

△ P123-07

△ P123-08

△ P123-09

P123-10

P123-11

P123-12

P123-13

P123-14

● イメージイラスト

△ P124-01

△ P124-02

△ P124-03

P124-04

△ P124-05

△ P124-06

△ P124-07

△ P124-08

△ P124-09

△ P124-10

P124-11

P124-12

△ P124-13

P124-14

△ P124-15

P124-16

P124-17

△ P124-18

P124-19

P124-20

● フレーム・ライン

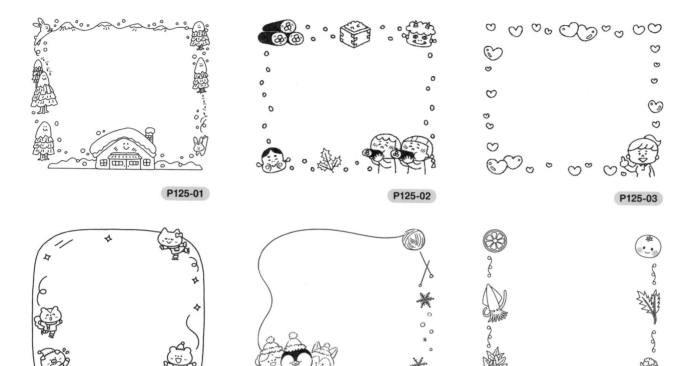

P125-01

P125-02

P125-03

P125-04

P125-05

P125-06

P125-07

P125-08

P125-09

P125-10

P125-11

3月 March

● 飾り見出し

△ P126-01A　P126-01B　P126-01C

△ P126-02A　P126-02B　P126-02C

P126-03A　P126-03B　P126-03C

P126-04A　P126-04B　P126-04C

△ P126-05

△ P126-06　　　　△ P126-07

△ P126-08A　P126-08B　P126-08C

△ P126-09A　P126-09B　P126-09C

　カラーは **P034-035**　【データ名末尾について】A…文字+フレーム　B…フレームのみ　C…文字のみ

P127-01A P127-01B P127-01C

P127-02A P127-02B P127-02C

△ P127-03

△ P127-04

● アイコンイラスト

△ P127-05

△ P127-06

P127-07

△ P127-08

P127-09

△ P127-10

△ P127-11

P127-12

P127-13

P127-14

季節 3月

通年

保健・食育

3月 季節

通年

保健・食育

● イメージイラスト

△ P128-01

△ P128-02

△ P128-03

△ P128-04

P128-05

△ P128-06

P128-07

P128-08

△ P128-09

P128-10

△ P128-11

△ P128-12

△ P128-13

△ P128-14

△ P128-15

△ P128-16

P128-17

P128-18

P128-19

● データ名の横に△がついているイラストはカラーイラストも収録しています。

● フレーム・ライン

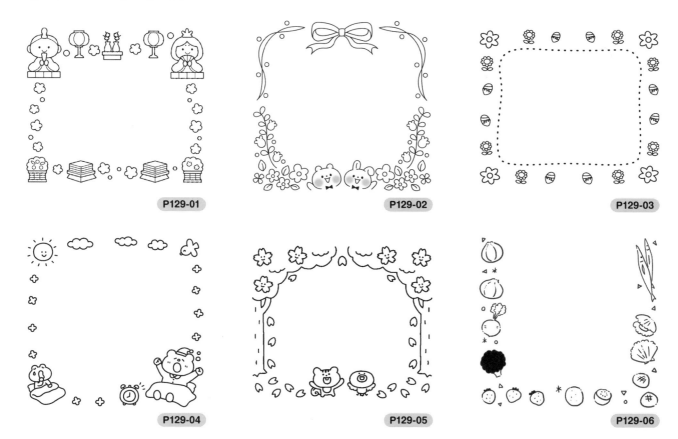

P129-01　　　　P129-02　　　　P129-03

P129-04　　　　P129-05　　　　P129-06

3月 季節

通年

保健・食育

P129-07

P129-08

P129-09

P129-10

P129-11

季節のフレーム・ライン

P130-131 _kisetsu-flame_line > P130

※ ラインはすべてタテのデータも収録しています。

● 春

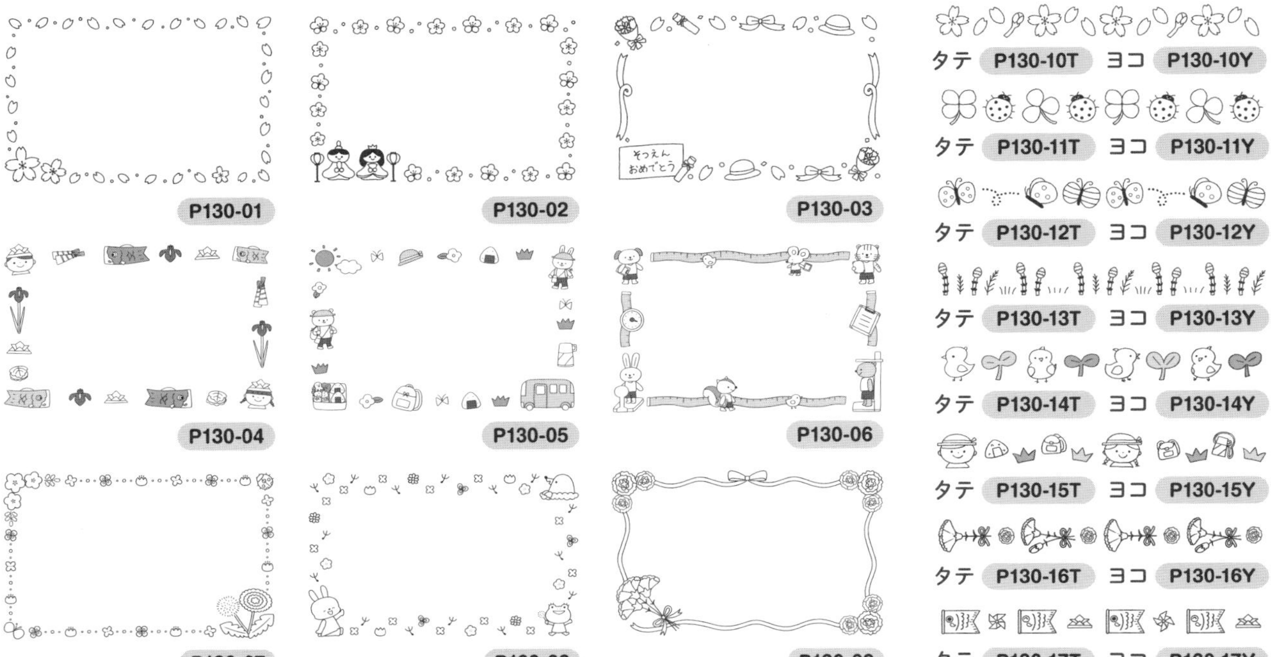

P130-01 P130-02 P130-03
P130-04 P130-05 P130-06
P130-07 P130-08 P130-09

タテ P130-10T ヨコ P130-10Y
タテ P130-11T ヨコ P130-11Y
タテ P130-12T ヨコ P130-12Y
タテ P130-13T ヨコ P130-13Y
タテ P130-14T ヨコ P130-14Y
タテ P130-15T ヨコ P130-15Y
タテ P130-16T ヨコ P130-16Y
タテ P130-17T ヨコ P130-17Y

● 夏

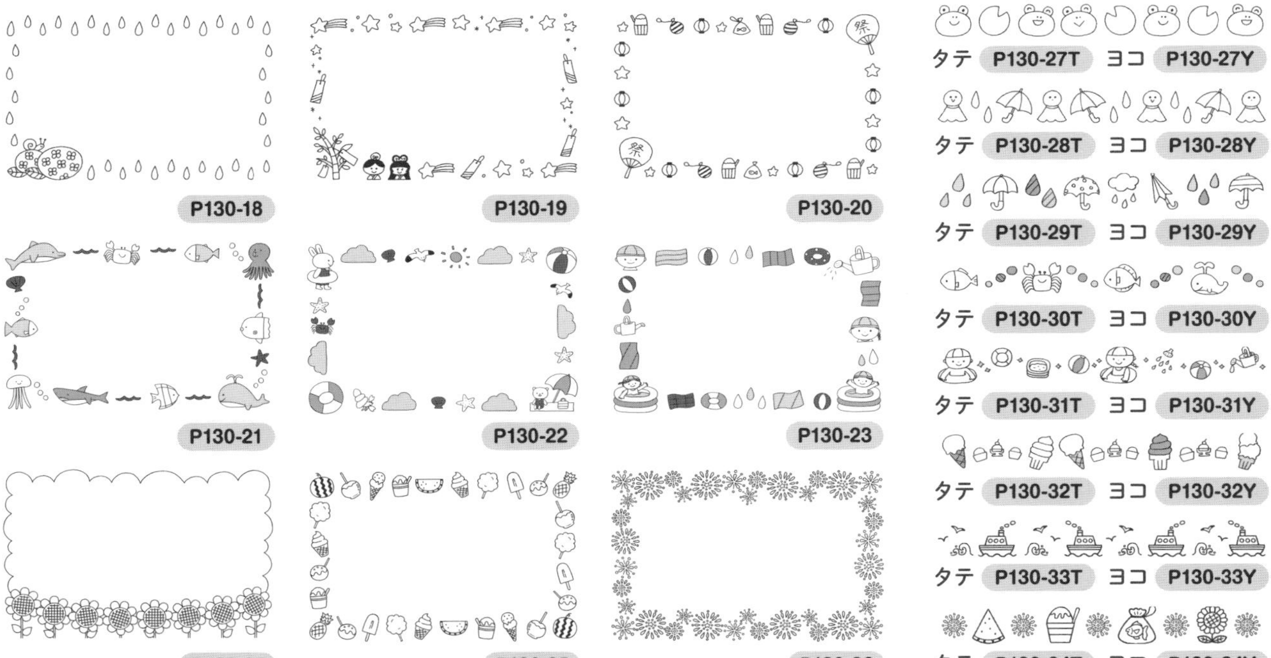

P130-18 P130-19 P130-20
P130-21 P130-22 P130-23
P130-24 P130-25 P130-26

タテ P130-27T ヨコ P130-27Y
タテ P130-28T ヨコ P130-28Y
タテ P130-29T ヨコ P130-29Y
タテ P130-30T ヨコ P130-30Y
タテ P130-31T ヨコ P130-31Y
タテ P130-32T ヨコ P130-32Y
タテ P130-33T ヨコ P130-33Y
タテ P130-34T ヨコ P130-34Y

カラーは P036-037
【データ名末尾について】T…タテ長ライン　Y…ヨコ長ライン

● 秋

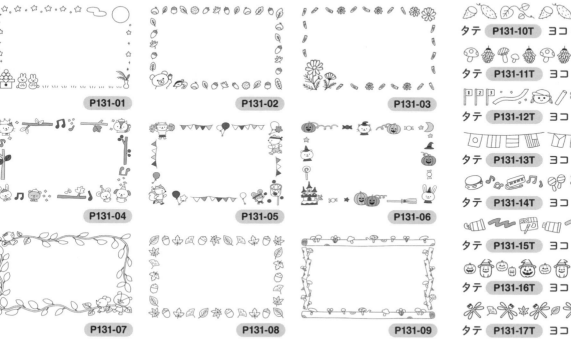

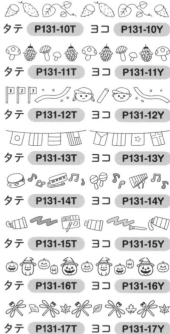

タテ P131-10T ヨコ P131-10Y
タテ P131-11T ヨコ P131-11Y
タテ P131-12T ヨコ P131-12Y
タテ P131-13T ヨコ P131-13Y
タテ P131-14T ヨコ P131-14Y
タテ P131-15T ヨコ P131-15Y
タテ P131-16T ヨコ P131-16Y
タテ P131-17T ヨコ P131-17Y

P131-01 P131-02 P131-03 P131-04 P131-05 P131-06 P131-07 P131-08 P131-09

フレーム・ライン 季節 / 通年 / 保健・食育

● 冬

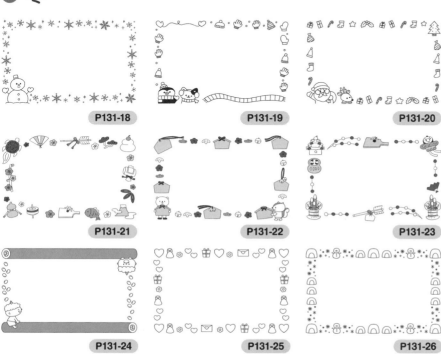

P131-18 P131-19 P131-20 P131-21 P131-22 P131-23 P131-24 P131-25 P131-26

タテ P131-27T ヨコ P131-27Y
タテ P131-28T ヨコ P131-28Y
タテ P131-29T ヨコ P131-29Y
タテ P131-30T ヨコ P131-30Y
タテ P131-31T ヨコ P131-31Y
タテ P131-32T ヨコ P131-32Y
タテ P131-33T ヨコ P131-33Y
タテ P131-34T ヨコ P131-34Y

P132-135 _keijibutsu_moji ＞ P132

● お誕生表

P132-01

P132-02

P132-03

P132-04

P132-05

P132-06

P132-07

P132-08

P132-09

P132-10

P132-11

P132-12

P132-13

P132-14

P132-15

P132-16

P132-17

P132-18

P132-19

P132-20

P132-21

P132-22

P132-23

P132-24

P132-25

P132-26

P132-27

P132-28

P132-29

P132-30

P132-31

P132-32

P132-33

カラーは P040-042

● お当番表

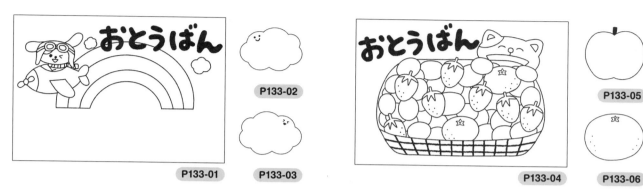

P133-02

P133-01　　P133-03

P133-05

P133-04　　P133-06

P133-07　　P133-08　　P133-09

季節
掲示物・文字 通年
保健・食育

● ひらがな1

あいうえおかきくけこさしすせそたちってとな
にぬねのはひふへほまみむめもやゆよらりるれ
ろわをんがぎぐげござじずぜぞだぢづでどばび
ぶべぼぱぴぷぺぽあいうえおやゆよ、。〜！？

P133-10 〜 P133-93

● ひらがな2

あいうえおかきくけこさしすせそたちってとな
にぬねのはひふへほまみむめもやゆよらりるれ
ろわをんがぎぐげござじずぜぞだぢづでどばび
ぶべぼぱぴぷぺぽあいうえおやゆよ、。〜！？

P133-94 〜 P133-177

● ひらがな3

あいうえおかきくけこさしすせそたちってとな
にぬねのはひふへほまみむめもやゆよらりるれ
ろわをんがぎぐげござじずぜぞだぢづでどばび
ぶべぼぱぴぷぺぽぁぃぅぇぉゃゅょ、。〜！？

P134-01〜P134-84

● ひらがな4

あいうえおかきくけこさしすせそたちってとな
にぬねのはひふへほまみむめもやゆよらりるれ
ろわをんがぎぐげござじずぜぞだぢづでどばび
ぶべぼぱぴぷぺぽぁぃぅぇぉゃゅょ、。〜！？

P134-85〜P134-168

● カタカナ1

アイウエオカキクケコサシスセソタチツテトナ
ニヌネノハヒフヘホマミムメモヤユヨラリルレ
ロワヲンガギグゲゴザジズゼゾダヂヅデドバビ
ブベボパピプペポァィゥェォャュョ、。〜！？

P134-169〜P134-252

● カタカナ2

アイウエオカキクケコサシスセソタチツテトナ
ニヌネノハヒフヘホマミムメモヤユヨラリルレ
ロワヲンガギグゲゴザジズゼゾダヂヅデドバビ
ブベボパピプペポァィゥェォャュョ、。〜！？

P134-253〜P134-336

● カタカナ3

アイウエオカキクケコサシスセソタチツテトナ
ニヌネノハヒフヘホマミムメモヤユヨラリルレ
ロワヲンガギグゲゴザジズゼゾダチヅデドバビ
ブベボパピプペポ ァィゥェォ ャュョ 、。〜！？

P135-01 〜 P135-84

● カタカナ4

アイウエオカキクケコサシスセソタチツテトナ
ニヌネノハヒフヘホマミムメモヤユヨラリルレ
ロワヲンガギグゲゴザジズゼゾダチヅデドバビ
ブベボパピプペポ ァィウエオ ャュョ 、。〜！？

P135-85 〜 P135-168

● 英数字1

ABCDEFGHIJKLMNOPQR
STUVWXYZabcdefghij
klmnopqrstuvwxyz
1234567890！？

P135-169 〜 P135-232

● 英数字2

ABCDEFGHIJKLMNOPQR
STUVWXYZabcdefghij
klmnopqrstuvwxyz
1234567890！？

P135-233 〜 P135-296

季節

掲示物・文字
通年

保健・食育

季節

通年
フレーム・ライン・背景

保健・食育

● フレーム

P136-01

P136-02

P136-03

P136-04

P136-05

P136-06

P136-07

P136-08

P136-09

P136-10

P136-11

P136-12

● お名前フレーム

P136-13

P136-14

P136-15

● ライン　ラインはすべてタテのデータも収録しています。

タテ　P137-01T　ヨコ　P137-01Y

タテ　P137-02T　ヨコ　P137-02Y

タテ　P137-03T　ヨコ　P137-03Y

タテ　P137-04T　ヨコ　P137-04Y

タテ　P137-05T　ヨコ　P137-05Y

タテ　P137-06T　ヨコ　P137-06Y

タテ　P137-07T　ヨコ　P137-07Y

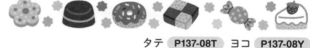

タテ　P137-08T　ヨコ　P137-08Y

タテ　P137-09T　ヨコ　P137-09Y

タテ　P137-10T　ヨコ　P137-10Y

タテ　P137-11T　ヨコ　P137-11Y

タテ　P137-12T　ヨコ　P137-12Y

タテ　P137-13T　ヨコ　P137-13Y

タテ　P137-14T　ヨコ　P137-14Y

タテ　P137-15T　ヨコ　P137-15Y

タテ　P137-16T　ヨコ　P137-16Y

タテ　P137-17T　ヨコ　P137-17Y

タテ　P137-18T　ヨコ　P137-18Y

タテ　P137-19T　ヨコ　P137-19Y

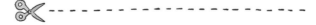

タテ　P137-20T　ヨコ　P137-20Y

タテ　P137-21T　ヨコ　P137-21Y

タテ　P137-22T　ヨコ　P137-22Y

季節

フレーム・ライン・背景
通年

保健・食育

【データ名末尾について】T…タテ長ライン　Y…ヨコ長ライン　　カラーは P051　　137

● 背景

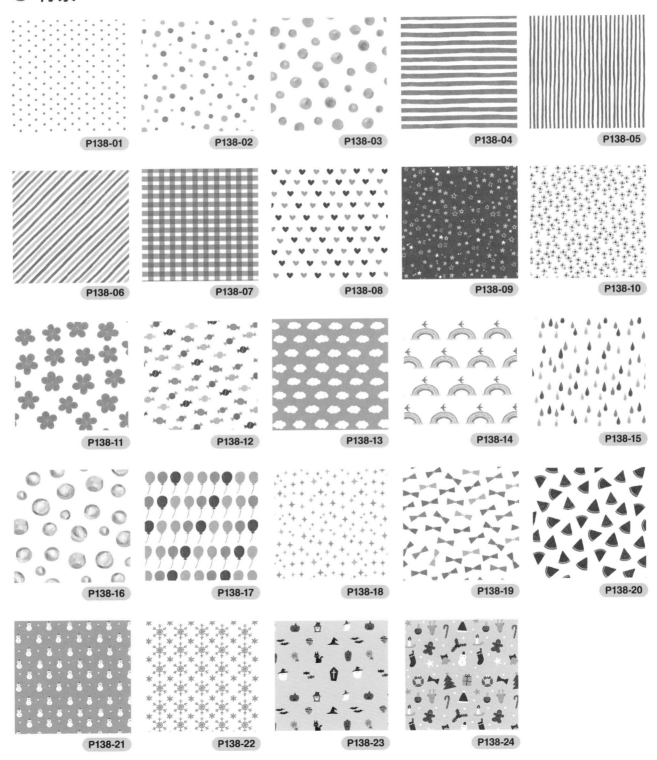

P138-01　P138-02　P138-03　P138-04　P138-05

P138-06　P138-07　P138-08　P138-09　P138-10

P138-11　P138-12　P138-13　P138-14　P138-15

P138-16　P138-17　P138-18　P138-19　P138-20

P138-21　P138-22　P138-23　P138-24

季節

通年
フレーム・ライン・背景

保健・食育

個人・グッズマーク

P139-142 _kojin_goods_mark > P139

● 動物・鳥・虫・水の生き物（個人マーク）

 P139-01
 P139-02
 P139-03
 P139-04
 P139-05
 P139-06
 P139-07

 P139-08
 P139-09
 P139-10
 P139-11
 P139-12
 P139-13
 P139-14

 P139-15
 P139-16
 P139-17
 P139-18
 P139-19
 P139-20
 P139-21

 P139-22
 P139-23
 P139-24
 P139-25
 P139-26
 P139-27
 P139-28

 P139-29
 P139-30
 P139-31
 P139-32
 P139-33
 P139-34
 P139-35

 P139-36
 P139-37
 P139-38
 P139-39
 P139-40
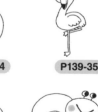 P139-41
 P139-42

 P139-43
 P139-44
 P139-45
 P139-46
 P139-47
 P139-48
 P139-49

 P139-50
 P139-51
 P139-52
 P139-53
 P139-54
 P139-55
 P139-56

季節

個人・グッズマーク 通年

保健・食育

カラーは **P054-056**

● 水の生き物・乗り物・恐竜・果物（個人マーク）

 P140-01

 P140-02

 P140-03

 P140-04

 P140-05

 P140-06

 P140-07

 P140-08

 P140-09

 P140-10

 P140-11

 P140-12

 P140-13

 P140-14

 P140-15

 P140-16

 P140-17

 P140-18

 P140-19

P140-20

P140-21

 P140-22

 P140-23

 P140-24

 P140-25

 P140-26

 P140-27

P140-28

 P140-29

 P140-30

 P140-31

 P140-32

 P140-33

 P140-34

P140-35

 P140-36

 P140-37

 P140-38

 P140-39

 P140-40

 P140-41

 P140-42

 P140-43

 P140-44

 P140-45

 P140-46

 P140-47

 P140-48

P140-49

 P140-50

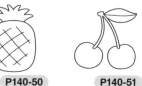 P140-51

 P140-52

 P140-53

 P140-54

 P140-55

 P140-56

● 果物・野菜・草花（個人マーク）

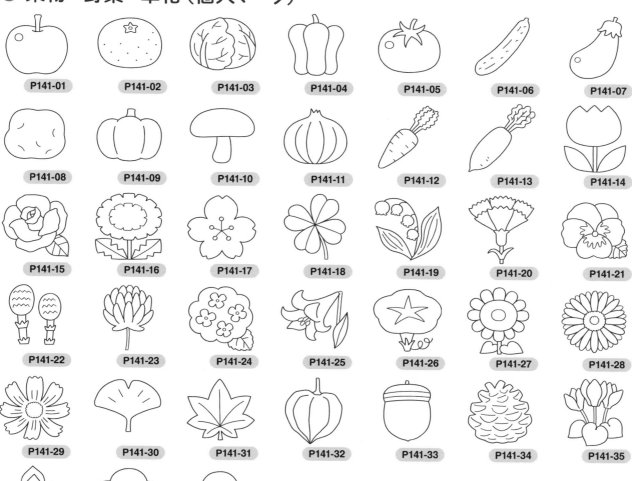

P141-01　P141-02　P141-03　P141-04　P141-05　P141-06　P141-07
P141-08　P141-09　P141-10　P141-11　P141-12　P141-13　P141-14
P141-15　P141-16　P141-17　P141-18　P141-19　P141-20　P141-21
P141-22　P141-23　P141-24　P141-25　P141-26　P141-27　P141-28
P141-29　P141-30　P141-31　P141-32　P141-33　P141-34　P141-35
P141-36　P141-37　P141-38

● 持ち物・身につける物（グッズマーク）

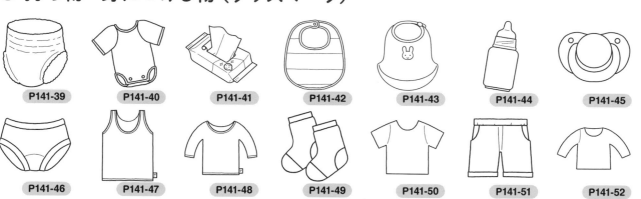

P141-39　P141-40　P141-41　P141-42　P141-43　P141-44　P141-45
P141-46　P141-47　P141-48　P141-49　P141-50　P141-51　P141-52

季節

個人・グッズマーク
通年

保健・食育

● 持ち物・身につける物・おもちゃ・制作用具（グッズマーク）

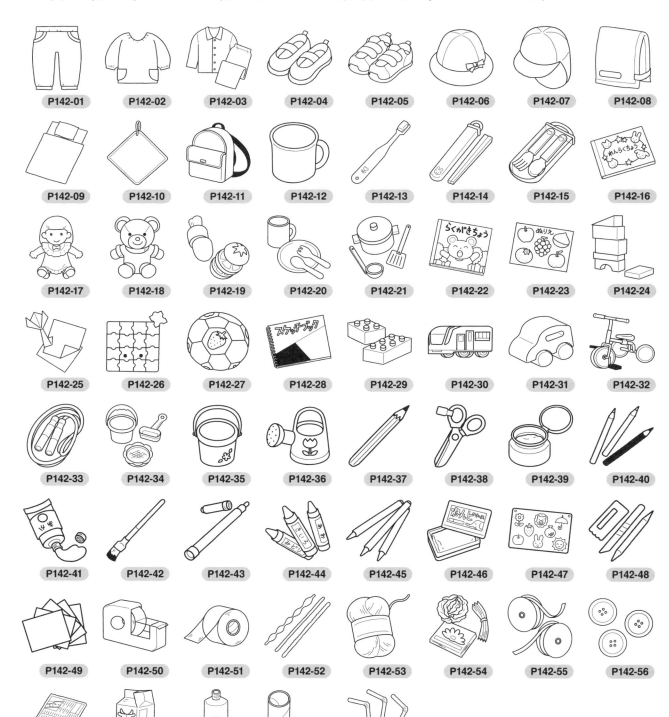

P142-01　P142-02　P142-03　P142-04　P142-05　P142-06　P142-07　P142-08

P142-09　P142-10　P142-11　P142-12　P142-13　P142-14　P142-15　P142-16

P142-17　P142-18　P142-19　P142-20　P142-21　P142-22　P142-23　P142-24

P142-25　P142-26　P142-27　P142-28　P142-29　P142-30　P142-31　P142-32

P142-33　P142-34　P142-35　P142-36　P142-37　P142-38　P142-39　P142-40

P142-41　P142-42　P142-43　P142-44　P142-45　P142-46　P142-47　P142-48

P142-49　P142-50　P142-51　P142-52　P142-53　P142-54　P142-55　P142-56

P142-57　P142-58　P142-59　P142-60　P142-61

季節

個人・グッズマーク　通年

保健・食育

生活ポスター

P143-145
_poster_card_emoji > P143

あいさつを しましょう

おはようございます　さようなら
P143-01

くつは くつばこへ

P143-02

ドアは しめましょう
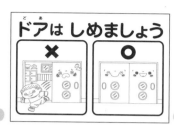
P143-03

こえの おおきさひょう

1　2　3　4　5
P143-04

おもちゃや えほんに やさしくしよう

P143-05

きれいに おかたづけ

P143-06

まっすぐ ならぼう

P143-07

はしらず あるこう

P143-08

ありがとうを つたえよう

ありがとう　どういたしまして
P143-09

「かして」を つたえよう

かして　いいよ
P143-10

ぞうさんの みみで きこう

P143-11

いすは ただしくすわろう!

P143-12

きれいに たためるかな?

がんばれー!　じょうずに できたね!
P143-13

じょうずに たためるかな?

いいぞ いいぞ!　じょうずに できたね!
P143-14

えんぴつの もちかた

よこから　まえから　この3ぼんで もつよ
P143-15

ひだり　みぎ
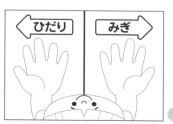
P143-16

おはしも

お さない　は しらない
しゃ べらない　も どらない
P143-17

P143-18

● 最大A3サイズで印刷できます。　カラーは **P063-065**

● 生活カード

おはようございます
P144-01

にもつを かたづける
P144-02

あさのかい
P144-03

うたを うたう
P144-04

へやで あそぶ
P144-05

トイレを する
P144-06

てを あらう
P144-07

くちゅくちゅ うがい
P144-08

がらがら うがい
P144-09

すいぶんを とる
P144-10

きゅうしょくを たべる
P144-11

おべんとうを たべる
P144-12

しょっきを かたづける
P144-13

はを みがく
P144-14

おひるねを する
P144-15

おやつを たべる
P144-16

ぼうしを かぶる
P144-17

てを つなぐ
P144-18

ならぶ
P144-19

さんぽを する
P144-20

パジャマに きがえる
P144-21

ようふくに きがえる
P144-22

かえりのかい
P144-23

さようなら
P144-24

● 防災カード

じしん
P144-25

かじ
P144-26

ひじょうベル
P144-27

まどから はなれる
P144-28

あたまを まもる
P144-29

くつを はく
P144-30

はなと くちを ふさぐ
P144-31

ぼうさいずきんを かぶる
P144-32

おしません
P144-33

はしりません
P144-34

しゃべりません
P144-35

もどりません
P144-36

● 気持ちを伝えるカード

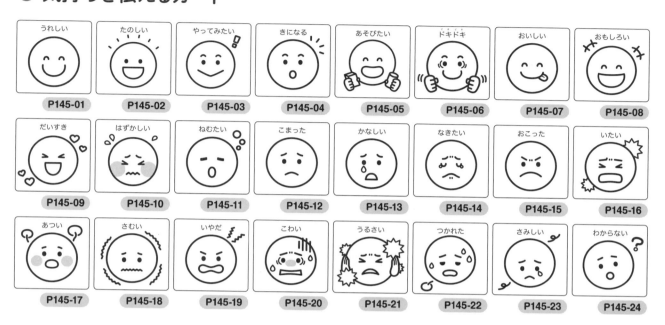

うれしい	たのしい	やってみたい	きになる	あそびたい	ドキドキ	おいしい	おもしろい
P145-01	P145-02	P145-03	P145-04	P145-05	P145-06	P145-07	P145-08
だいすき	はずかしい	ねむたい	こまった	かなしい	なきたい	おこった	いたい
P145-09	P145-10	P145-11	P145-12	P145-13	P145-14	P145-15	P145-16
あつい	さむい	いやだ	こわい	うるさい	つかれた	さみしい	わからない
P145-17	P145-18	P145-19	P145-20	P145-21	P145-22	P145-23	P145-24

● 手描き風絵文字

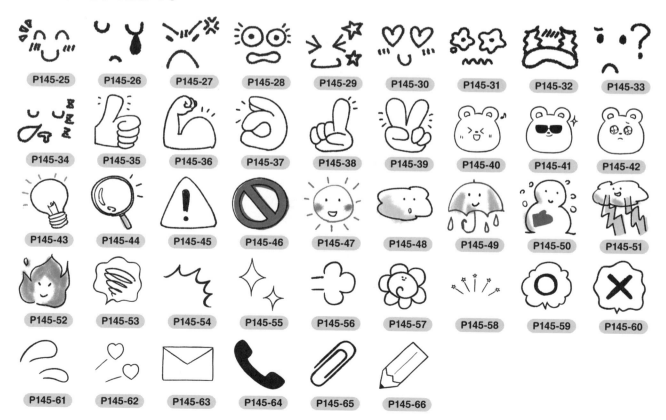

P145-25	P145-26	P145-27	P145-28	P145-29	P145-30	P145-31	P145-32	P145-33
P145-34	P145-35	P145-36	P145-37	P145-38	P145-39	P145-40	P145-41	P145-42
P145-43	P145-44	P145-45	P145-46	P145-47	P145-48	P145-49	P145-50	P145-51
P145-52	P145-53	P145-54	P145-55	P145-56	P145-57	P145-58	P145-59	P145-60
P145-61	P145-62	P145-63	P145-64	P145-65	P145-66			

季節

カード・絵文字
通年

保健・食育

● 保健イラスト

△ P146-01

△ P146-02

ほけんだより

P146-03

△ P146-04

△ P146-05

△ P146-06

△ P146-07

△ P146-08

△ P146-09

△ P146-10

△ P146-11

△ P146-12

△ P146-13

△ P146-14

△ P146-15

△ P146-16

季節

通年

保健・食育 保健

P147-01

P147-02

P147-03

P147-04

P147-05

P147-06

P147-07

P147-08

P147-09

P147-10

P147-11

P147-12

P147-13

P147-14

P147-15

P147-16

P147-17

P147-18

P147-19

P147-20

P147-21

P147-22

P147-23

P147-24

季節

通年

保健・食育 保健

147

● 保健フレーム・ライン

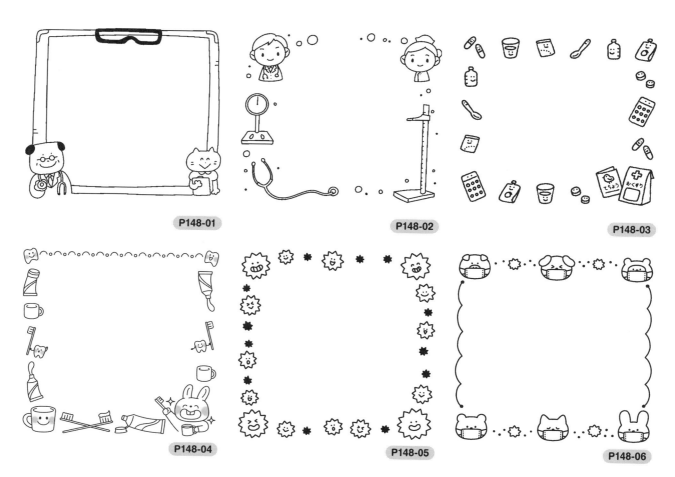

P148-01

P148-02

P148-03

P148-04

P148-05

P148-06

P148-07

P148-08

P148-09

P148-10

△ P148-11

● P148-11 のみ P072 にカラーイラストも収録しています。

● 保健ポスター

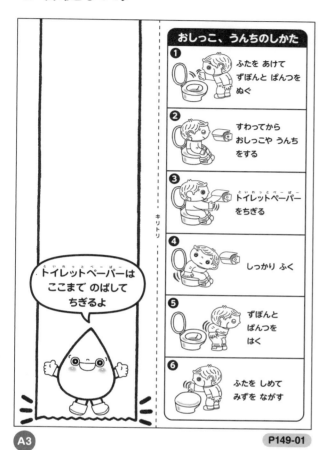

おしっこ、うんちのしかた

① ふたを あけて ずぼんと ぱんつを ぬぐ

② すわってから おしっこや うんち をする

③ トイレットペーパー をちぎる

④ しっかり ふく

⑤ ずぼんと ぱんつを はく

⑥ ふたを しめて みずを ながす

トイレットペーパーは ここまで のばして ちぎるよ

A3　P149-01

おしっこの しかた

① ずぼんと ぱんつを おろす

② べんきに むけて おしっこを する

③ のこった おしっこを きる

④ ずぼんと ぱんつを はき てをあらう

A3　P149-02

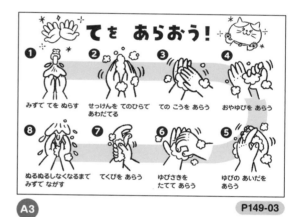

てを あらおう!

① みずて てを ぬらす

② せっけんを てのひらで あわだてる

③ ての こうを あらう

④ おやゆびを あらう

⑤ ゆびの あいだを あらう

⑥ ゆびさきを たてて あらう

⑦ てくびを あらう

⑧ ぬるぬるしなくなるまて みずて ながす

A3　P149-03

うがいを しよう!

くちゅくちゅ うがい

がらがら うがい

A3　P149-04

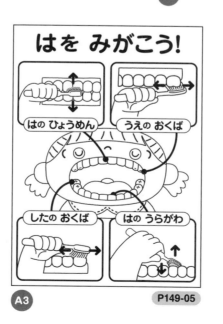

はを みがこう!

はの ひょうめん

うえの おくば

したの おくば

はの うらがわ

A3　P149-05

せき くしゃみを するときは くちを おおってね

○ ごほん! くしゅん ごほん!

× ごほん! くしゅん ごほん!

A3　P149-06

食育

P146-153
_hoken_shokuiku > P150-153
_shokuiku > P150

● 食育イラスト

P150-02

P150-01

P150-03

P150-04

P150-05

P150-06

P150-07

P150-08

P150-09

P150-10

P150-11

P150-12

P150-13

P150-14

季節

通年

保健・食育
食育

P151-01

P151-02

P151-03

P151-04

P151-05

P151-06

P151-07

P151-08

P151-09

P151-10

P151-11

P151-12

P151-13

P151-14

P151-15

P151-16

P151-17

P151-18

P151-19

P151-20

季節

通年

保健・食育

食育

151

● 食育フレーム・ライン

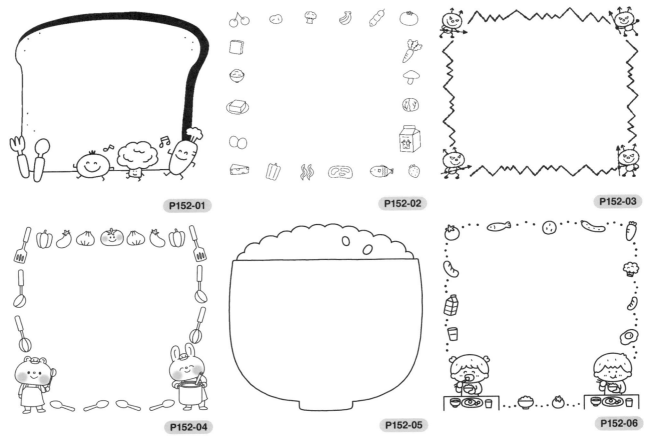

P152-01

P152-02

P152-03

P152-04

P152-05

P152-06

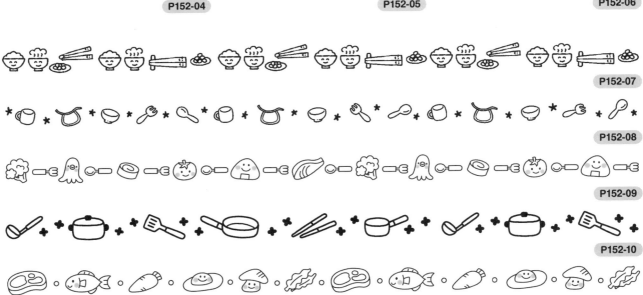

P152-07

P152-08

P152-09

P152-10

P152-11

● 食育ポスター

A3　P153-01

A3　P153-02

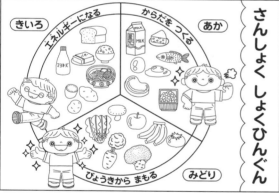

A3　P153-03

A3　P153-05

A4　P153-06

仕上がりイメージ例

お誕生表、お当番表、年賀状は以下の例のように組み合わせて使用します。仕上がりイメージ例を参考に作成してください。

● お誕生表（P040〜042、P132）

台紙のまわりに名前を書いた紙を飾る。

● お当番表（P043〜044、P133）

台紙の中に名前を書いたカードを貼る。

● 年賀状（P078）

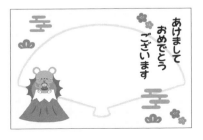
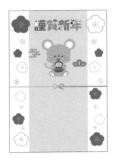

テンプレートを Word に貼り付け、イラストを重ねてレイアウトする。

型紙について

P8〜11に掲載している壁面飾りのPDFの見方や、型紙の使い方について説明します。

● 収録場所

「P008-080_color」 → 「P008-011_hekimen-kazari」内にある「katagami」フォルダに下記データ名で収録されています。

P008-kata1
P008-kata2
P008-kata3

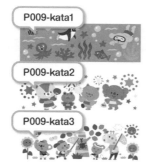
P009-kata1
P009-kata2
P009-kata3

P010-kata1
P010-kata2
P010-kata3

P011-kata1
P011-kata2
P011-kata3

● 型紙サイズ

型紙はA3サイズの用紙複数枚に配置されています。実寸で印刷した場合、イラストの全景はおよそ縦50cm×横160cm（教室の壁にそのまま貼れるサイズ）になります。実際に壁面飾りを装飾するスペースに合わせて縮尺を変えてご使用いただいてもかまいません。

● 型紙の使い方

❶ 印刷した型紙をイラストの線にそってハサミで切り抜く。❷ イラストの色に合った色画用紙を用意し、①を乗せて鉛筆やペンで形をなぞる。❸ ②で書き写した線の通りにハサミで切り抜く。❹「貼り合わせ図」の通りに貼り合わせる。❺ イラストを参考にして壁に貼りつけ完成。

● 型紙PDFの見方

全景

イラスト（型紙）の全体図です。

貼り合わせ図・完成図

型紙を合体させたときの構造と完成図です。

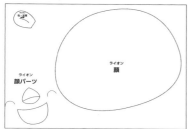

パーツ型紙

実際に切り抜いて使用する型紙です。

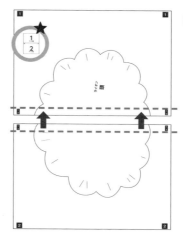

大型パーツ型紙

大型のパーツは2枚の型紙を貼り合わせて1つのパーツとしています。１、２の紙を★の通りに貼り合わせ、パーツ名称（この場合は「ライオン顔」）が読める向きを手前にしてご使用ください。

サイズの小さいものや先が尖っているものは、万が一落ちてお子様の口に入ったり怪我をしたりしないように、しっかりと貼りつけてください。

DVD-ROMをご使用になる前に

付属のDVD-ROMにはイラストデータ（PNG、PDF）が収録されています。付属のDVD-ROMを読み込み・ご使用いただいた場合、以下の内容についてご承諾いただいたものとします。

動作環境について

本書付属のDVD-ROMは、下記の環境でご使用ください。
● OS
Microsoft Windows7 以上、MacOS
※ DVD-ROMの使用にはDVD-ROMドライブが必要です。

Word を使用する場合は、下記の環境でご使用ください。
● バージョン
Microsoft Office Word2010 以上

DVD-ROMの取り扱いについて

●本書付属のDVD-ROMは、DVD-ROMドライブが装備されているパソコンでのみご使用ください。一般オーディオプレーヤーでは再生できません。
●ディスクは両面とも指紋、汚れ、傷等をつけないように取り扱ってください。

使用許諾について

本書掲載および DVD-ROM に収録されているイラストすべてのデータの著作権、使用許諾権、商標権は弊社および著作権者に帰属します。購入された個人、または法人・団体が営利を目的としないおたより、行事のしおり、掲示物、年賀状などのカード類へは自由にご使用いただけます。ただし、以下内容は遵守してください。
●園のPRを目的としたポスターや広告、園バスのデザイン、物品に印刷して販促への使用や商品の販売などはできません。他の出版物や企業のPR広告、企業や店のマークへの使用、個人的なものを含めたインターネットのホームページへの使用もできません。無断で使用することや、イラストに変形などの加工を加えた使用も禁止されています。
●作成したおたよりをPDFなどの形式で園のホームページ上で閲覧できるようにする場合と、アプリ等で保護者に向けて配信する場合のみ使用することができます。
●本書掲載およびDVD-ROMに収録されているイラストデータを複製し、第三者に譲渡・販売、頒布（放送やインターネットを通じたものも含む）、貸借することはできません。
●付属DVD-ROMは、図書館およびそれに準ずるすべての施設において館外へ貸し出すことはできません。

ご注意

● Word の操作方法や操作画面は「Microsoft Windows 11」の環境で、「Word for Microsoft 365」を使用した場合を例に掲載しています。お使いのパソコンやソフトのバージョンによって操作方法や外観が異なる場合がありますのでご了承ください。
●付属DVD-ROMに収録されているイラストの使用方法等についてのサポートは行っておりません。お使いのパソコンのOSやアプリケーション、Wordの操作方法等に関するお問い合わせは製造元のカスタマーセンターにお問合せください。
●使用後は必ずプレーヤーから取り出し、専用ケースに収めて直射日光が当たる場所や高温多湿の場所を避けて保管してください。
●付属DVD-ROMを使用したことにより生じた損害、障害、そのほかいかなる事態にも、弊社は一切責任を負いません。

※ Microsoft、Windows、Word は米国 Microsoft corporation の、MacOS は米国Appleの米国およびその他の国における登録商標です。本製品では ®、©、™マークは省略しております。
※ Word 使用の解説ページはマイクロソフトの許諾を得て掲載しています。

イラストをWord上で編集してみよう！

word を使ってイラストを配置したり文字を入れる方法など、基本的な操作を紹介します。

※このページでは、Windows11上で Word for Microsoft 365 を使用したイラストデータの編集方法を紹介しています。操作画面のレイアウトは、ご使用の環境によって異なる場合がございますのであらかじめご了承ください。

イラストを挿入する

1 DVD-ROMを開く

DVD-ROM をパソコンや専用機器に挿入し、自動で表示されたフォルダをダブルクリックする。自動で表示されない場合は、ホーム画面下のタスクバーにあるフォルダアイコンをクリックし「DVD RW ドライブ (D:)Hoiku_no_Kawaii_illust」をクリックする。

2 Wordを開く

おたより用テンプレートなどの Word や新規作成した Word データを開く。

3 イラストをWord上にドラッグする

イラストを左クリックで選択→ Word 上にドラッグ→クリックを解除→イラストが Word 上に表示される。

plus テク

● イラストを消す
イラストを選択し、フレームが表示された状態にして「Delete」か「Backspace」を押す。

● イラストを複製する
イラストを選択し、「ctrl + C」でコピー、「ctrl + V」で複製する。

好きな場所に配置する

1 イラストを選択し ◠ をクリック

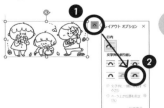

2 右下の「前面」 ◠ を選択する

※マークが表示されない場合はメニューバーの「レイアウト」→「文字列の折り返し」→「前面」を選択する。

3 ✛ カーソルで動かす

イラストの上にカーソルを合わせ十字マークが出ると、左クリックでイラストを動かすことができる。

plus テク

● イラストのサイズや角度を変える

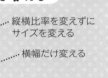

⟲ ···· 回転

縦横比率を変えずにサイズを変える

横幅だけ変える

縦幅だけ変える

トリミングする

1 「図の形式」→ ### 2 「トリミング」を選択

緑の一部が左のように黒くなる。

3 」 にカーソルを合わせてトリミング

緑の黒い部分にカーソルを合わせ、残したいイラストを黒縁で囲む→「Enter」を押すかイラスト外をクリックするとトリミング完了。

複数のイラストを並べる

1 並べたいイラストを選択する

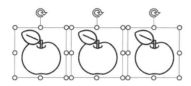

「shift」か「ctrl」を押したまま画像をクリックすると複数の画像を選択・操作できる。

2 「図の形式」→ 3 「配置」を選択

4 用途にあった並び方を選ぶ

「配置」内のメニューを選んで位置を決める。

●縦一列に並べる

 左右中央揃え(C)

…中央で揃える

 左揃え(L)

…左で揃える

 右揃え(R)

…右で揃える

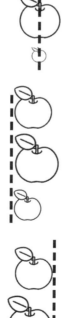

●横一列に並べる

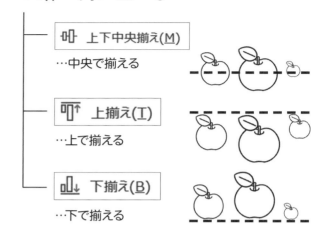

上下中央揃え(M)

…中央で揃える

上揃え(T)

…上で揃える

下揃え(B)

…下で揃える

●等間隔に並べる

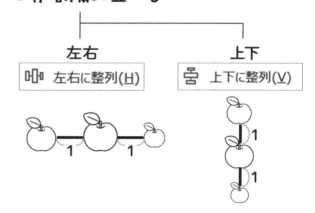

左右　左右に整列(H)

上下　上下に整列(V)

画像の重なり順を変える

1 画像を選択し「図の形式」を選択

2 画像の重なり順を変える

重なっているイラストを前に出したい時は「**前面へ移動**」、背面にしたいときは「**背面へ移動**」を選択する。

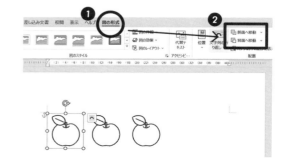

テキストを挿入する

1 「挿入」→ **2** 「テキストボックス」を選択

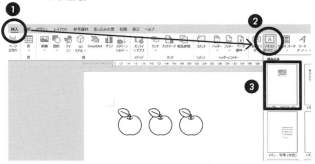

3 「シンプル-テキストボックス」を選択

4 ボックス内にテキストを入力する

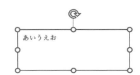

plus テク

●テキストボックスを動かす

ボックスのフレームにカーソルを合わせて ✛ が表示された状態でクリックする。

●テキストボックスを削除する

ボックスのフレームにカーソルを合わせて ✛ が表示された状態でクリックし、「Backspace」か「Delete」を押す。

●サイズを変更する

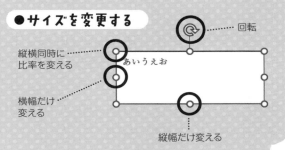

- 回転
- 縦横同時に比率を変える
- 横幅だけ変える
- 縦幅だけ変える

文字の色やサイズを変える

1 テキストボックスの枠をクリック

2 「ホーム」を選択

この操作を行うと、以降の操作がテキストボックス内のみに反映される。

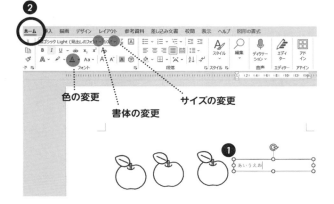

- 色の変更
- 書体の変更
- サイズの変更

テキストボックスのスタイルを変更する

1 テキストボックスの枠をクリック

2 「図形の書式」を選択

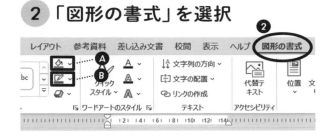

Ⓐ テキストボックスの背景色を変える

初期状態の背景色は白色に設定されているので、透明にしたい場合は「塗りつぶしなし」。好きな色をクリックすると指定の色に変更できる。

Ⓑ 枠線を消す

テキストボックスをクリックし「図形の書式」→「図形の枠線」→「枠線なし」を選択。

イラスト （五十音順）	あおいろ、アキタヒロミ、浅野知子、池田蔵人、稲葉貴洋、 カトウヨシミ、かわべしおん、熊本奈津子、上坂じゅりこ、木波本陽子、 さくま育、佐々木美果、seesaw.、高村あゆみ、ちこ*、にしいきよみ、 にしだちあき、萩原まお、福島 幸、 マーブルプランニング（くるみれな、つかさみほ、みさきゆい）、 モチコ、ももろ、森永みぐ、森のくじら、やまざきかおり、良江ひなた、 よねこめ、ワタナベカズコ、わたなべふみ
協力	あさひ第二保育園、株式会社ウブントゥ、のしお保育園、日吉台光幼稚園
型紙制作	田村浩子（株式会社ウエイド）
デザイン・DTP	丸山智子
DTP	株式会社シーティーイー
DVD-ROM作成	株式会社キーエイト
編集協力	廣田奈那

※本書は当社刊『最新 すぐに役立つ!伝わる! おたより文例&かわいいイラスト集 CD-ROM付き』
（2022年3月発行）に収録されているイラストの中から一部を使用し、掲載・収録しています。

すぐに使える! 役立つ! 保育のかわいいイラストデータ集

編著者	西東社編集部 [せいとうしゃへんしゅうぶ]
発行者	若松和紀
発行所	株式会社 西東社 〒113-0034　東京都文京区湯島2-3-13 https://www.seitosha.co.jp/ 電話　03-5800-3120（代） ※本書に記載のない内容のご質問や著者等の連絡先につきましては、お答えできかねます。

ISBN 978-4-7916-3260-2